내 인생에 은퇴란 없다

내 인생에
은퇴란 없다

성공을 부르는 인생 경영 노하우

서상록 지음

한국경제신문

인생 현장에서 온몸으로 체득한
나만의 암묵지暗默知

내 나이 벌써 칠십이다.

별로 한 것도 없이 세월을 보냈으면서 책을 낸다는 것이 우습기도 하지만, 사람은 누구나 살다 보면 이런저런 일들을 겪으면서 나름대로의 삶에 대한 지혜가 생기게 마련이다. 인생 노하우라고 할까? 학자들은 어렵게 이름하여 '암묵지暗默知'라 한다.

나의 암묵지는 나만의 것이지, 책에도 나오지 않고 교수나 박사도 알지 못한다. 내 인생을 뒤돌아보면서 인생 후배들에게 나의 암묵지를 이야기함으로써 고달픈 인생살이에 조금이라도 도움이 되지 않을까 하는 것이 이 책을 낸 이유다.

인생은 스스로 포기하지 않는 한 기회도 있고 희망도 있다는 것을, 힘겹게 오늘을 살아가고 있는 모든 이들에게 이야기하고 싶다. 찬바람 불고 모진 눈보라가 치는 겨울이 지나면 따뜻한 봄이 오듯, 오늘이 아무리 어렵고 힘이 들더라도 참고 견디며 살다 보면 좋은 날이 반드시 찾아온다.

환갑, 진갑이 다 지난 나이에 식당 견습 웨이터로 제2의 인생을 살아온 지난 8년 동안 내가 배우고 깨달은 것이, 평생을 살면서 얻은 지식보다 값지고 귀했다. 이 귀한 깨달음을 전한다면 보다 많은 사람들이 좀더 값진 인생을 사는 데 도움이 되지 않을까 한다.

지금 이 순간에도 희망을 잃지 않고 하루하루를 열심히 살고 있는 많은 이들에게 이 책이 희망의 불씨가 되길 진심으로 바란다.

2006년 4월

서상록

차례

3장 생각을 바꾸면 새로운 세상이 보인다

_1장

나이는 숫자에 불과하다

지금 시작해도 늦지 않다

그간 많은 사람들이 재벌 그룹의 부회장을 지낸 사람이 왜 식당 웨이터로 일했느냐고 궁금해했다. 물론 이런 질문은 내 앞에서 하는 말이었다. 뒤에서는 이런저런 이야기가 많았다. 돈 벌어놓고 숨기려고 쇼를 하는 거라거나 무슨 꿍꿍이가 있는 모양인데 알 수가 없다는 식이었다.

또 어떤 사람들은 "저 사람은 천재야. IMF 사태가 나서 전 국민이 고통스러울 때, 머리 써서 웨이터가 되고 유명해졌잖아. 그래서 방송에도 출연하고 CF 모델 해서 돈도 벌고 책도 쓰고…"라고도 했다.

그러나 그 어느 것도 사실이 아니다. 사실 난 머리가 좋은 편이 아니다. 초등학교 다닐 때는 반 학생 62명 중에서 항상 61등 아니면 62등이었다. 또 돈이 많으면 외국에 나가서 잘살면 그만이지 쇼는 무슨 쇼인가? 나 역시 월급쟁이였다. '부회장 정도 했으면 돈을 많이 숨겼을 텐데' 라고 사람들은 자기 속마음을 보이는 것이다. '나도 그랬으니 저 사람도 그랬겠지' 라는 생각에서 하는 말이리라.

내 인생을 바꾼 한 권의 잡지

사실 내가 새로운 인생을 살아야겠다고 생각한 계기는 아주 단순했다. 이끌던 그룹이 부도가 나고, '방콕' 신세가 되어 의욕을 잃고 하루 종일 담배만 피워대고 있을 때, 미국에 살고 있는 의사 친구가 나를 위로하러 왔다가 의학 잡지 한 권을 놓고 갔다.

의학 전문지라 대충 그림만 보고 페이지를 넘기고 있는데 마지막장에 이런 글이 실려 있었다.

"2005년까지만 죽지 마라! 그때는 의학이 발달해 지금 고치지 못하는 질병도 다 고칠 수 있다."

즉, 생명공학의 발전이 인간의 평균 수명을 아흔일곱 살까지 늘릴 수 있다는 이야기였다. 한쪽 눈이 빠지면 남은 눈의 줄기세포를 생성시켜 똑같은 눈을 만들어 넣을 수 있고, 위장이 병들면 투약을 하는 것이 아니라 아예 병든 위장은 잘라버리고 줄기세포를 이용해 새로운 위장을 만들어 대체시킨다는 내용이었다. 최근 논란이 많았던 줄기세포라는 단어를 그때 처음 보았다.

기사를 읽어보니 '2005년까지는 죽지 않을 것 같고, 그러면 나도 아흔일곱 살까지 살지 않을까?' 하는 생각이 들었다. 97에서 그때 내 나이였던 62를 빼보니 35년이나 남아 있었다. 앞으로도 35년을 더 살 수 있다는 말이었다. '그렇다면 지금 다시 출발해도 결코 늦지 않겠구나. 그래 다시 시작해 보는 거야!' 지나간 일들은 모두 잊어버리고 새로운 인생에 도전해 보자는 의욕이 치솟았다.

그래서 다음날인 98년 1월 3일부터 새로운 일자리를 찾기 시작해 4월 1일에 취직을 하게 되었다.

내겐 아직도 많은 시간이 남아 있다

천신만고 끝에 얻은 웨이터 자리. 당시 내 나이 예순두 살이었다. 웨이터 생활 만 4년 3개월을 비롯해 방송인, 저술가, TV 탤런트, CF 모델, 기업체 강사, 노년권익보호당 지명 16대 대통령 후보, 대학교 부총장 등을 지내면서 오늘날까지 난 건재하다. 그리고 아직도 내겐 28년이라는 긴 세월이 남아 있다. 마음만 먹으면 대통령 선거에 다섯 번이나 더 출마할 수도 있고 다섯 번 더 떨어질 기회도 남아 있는 것이다.

내가 하고 싶은 이야기는 아직도 늦지 않았다는 것이다. 많은 사람들이 '내 나이 마흔인데', '내 나이 이미 오십을 넘었는데' 하면서 스스로 인생에 대한 도전을 포기한다. 마흔 살이건 예순 살이건 간에 아흔일곱 살에서 현재 자신의 나이를 빼보라. 아직도 살아가야 할 날이 너무나 많이 남아 있다는 걸 알게 될 것이다.

출발하기 늦은 때란 없다

맥도날드 창업자 레이 크록은 1954년, 그의 나이 52세 때 사업을 시작했다.

처음 햄버거 가게를 열었을 때 그의 아내는 "이 못난 사람아, 당신과 결혼해서 30년을 살아왔는데, 지금 오십이 넘은 나이에 빵 굽는 장사를 하자고? 당신과는 더 이상 같이 살 필요가 없다"며 이혼을 요구했다고 한다. 레이 크록은 아내에 대한 서운함과 애증을 몽땅 빵 굽는 데 쏟아 부어 오늘날과 같은 다국적 기업으로 키워냈다.

어디 그뿐인가? KFC의 창업자 커넬 샌더스도 있다. 식당을 경영하다가 예순다섯 살에 퇴직해 한 달에 105달러가 지급되는 노인연금으로 살아야 하는 신세가 되자, 자신의 특기인 튀긴 닭을 팔기 시작했다(1952년). 그 후 13년 만에 미국 내에서만 600여 지점을 오픈하였고, 현재의 세계적인 기업으로 성장시켰다.

아직 시간은 충분하다

남의 얘기라고 체념하지 말고 당신도 지금부터 새로운 일에 도전해 보라. 공부를 못한 것이 한이 되었다면 지금부터 다시 시작하고, 전공이 잘못되었으면 다시 적성에 맞는 전공을 선택하면 된다. 일하면서 공부할 수 있는 방송통신대학교가 있지 않은가. 다시 말하거니와 시간은 누구에게나 아직 충분하게 남아 있다. 나이 때문에 늦었다고 생각하는 것은 어리석은 일이다.

내가 만난 젊은이들 중에는 외국어 공부를 좀더 열심히 하지 않은 것을 한탄하는 사람들이 너무 많다. 다시 시작하려니 돈도 없고 시간도 없다고 불평이다. 돈이 없어 유학을 가지 못했다고 부모 탓을 하는 한심한 젊은이도 많다. 정말 어이없는 이야기다.

지금같이 좋은 세상에 영어 공부하는 데 왜 돈이 필요하며 시간이 필요한가. TV 보고 앉아 있을 시간에 AFKN을 틀어놓고 하루 24시간 보고 듣다 보면 집 안이 바로 미국이 아닌가. 잘 때도 밥 먹을 때도, 1년만 꾸준히 들어보라. 영어 실력이 놀랄 만큼 향상될 것이다. 어린 자녀들이 있는 집은 따로 영어 과외를 시킬 필요도 없다. AFKN 방송 안에 어린이 프로그램도 있고, 세계 뉴스며 한국 뉴스도 있다. 스포츠 중계도 한다. 드라마도 물론 있다.

한 학생이 이런 내 말을 듣고 가족회의를 열어서 온 집안 식구가 영어 방송에 채널을 고정시키기로 했다고 한다. 그러나 3일도 지나지 않아 이 결정을 취소했다. 이유인즉, 밤에 너무 시끄러워 온 집안 식구가 잠을 자지 못해서 그랬다는 것이다.

내 생각으로는 시끄러워 잠을 못 자겠으면 안 자면 그만이다. 이틀만 자지 않고 견뎌보라. 천하장사라도 3일째에는 잠에 빠져들고 말 것이다. 이틀을 참지 못하는 사람이 무엇을 할 수 있겠는가?

외국어든 우리말이든 간에 처음에는 귀로, 입으로 하는 것이지 손으로, 눈으로 하는 것이 아니다. 대여섯 살 어린이들을 보라. 글을 읽을 줄도 모르고 쓸 줄도 모르나, 말은 얼마나 잘 듣고 잘하는가? 귀로 듣고 입으로 말하는 연습을 먼저 했기 때문이다.

매사가 마찬가지다. 생각하기 나름이며, 늦었다고 생각하는 지금이 다시 시작할 수 있는 절호의 기회라는 것을 잊지 말자.

꿈을 향한 끝없는 도전

　사람들이 어릴 때 꿈이 뭐였냐고 물을 때마다 조금 창피해진다. 밥 한번 실컷 먹어보는 것이 바로 꿈이었기 때문이다. 집이 너무 가난해서 쌀밥에 고깃국 먹는 꿈을 수없이 꿨다. 그 꿈이 이루어져 지금 쌀밥에 고깃국을 언제든지 먹을 수 있게 된 것인지도 모르겠다.

　초등학교 졸업 후 읍사무소에 다니던 나의 꿈은 중학교 교복을 입고 학생 모자를 써보는 것이었다. 역시 뜻이 있는 곳에 길은 있었다. 어느 날 신문 광고를 보니 경북중고등학생연맹

(박재욱 전 국회의원이 만든 사설 학원)이라는 곳에서 학생을 모집하는데, 일정 금액을 내고 연맹에 가입하면 중학교 교재와 모자, 그리고 학생 배지를 준다고 했다. 나는 바로 가입해서 꿈에도 그리던 중학생 모자를 쓰고 읍사무소에 출근을 했다. 어느 날 한 학생이 나를 붙잡고 "읍사무소 사환 따위가 왜 건방지게 중학교 모자를 쓰고 다니느냐"고 하면서 내 모자를 빼앗아 땅에 밟아버리는 수모를 당하기 전까지는 말이다. 그 일이 있고 난 이후, 나는 낮에는 가방에 모자를 넣고 있다가 아무도 보지 않는 밤에만 모자를 쓰고 거울 앞에 서서 나 자신을 격려하기 시작했다.

"서상록, 너는 정말 천재야! 절대 기죽지 마! 모자 밟은 놈이 철이 없어서 그렇지, 너는 기필코 대학에 갈 수 있을 거야! 너는 할 수 있어. 대학만 가게 되면 모자 밟은 놈도 후회할 거야!"

나 스스로에 대한 자기 암시는 이렇게 시작됐다. 이 세상에 나를 칭찬할 사람이 나 말고 누가 있겠는가? 내가 나를 인정해 주지 않으면 누가 나를 인정해 주겠는가? 아직도 나는 힘들 때나 기쁠 때나 거울 앞에 서서 스스로를 칭찬하고 상금을 주기도 하고, 때로는 꾸짖기도 하면서 에너지를 재충전한다. 그때 모자를 밟고 나에게 잊을 수 없는 수모를 준 그 철없는 학생이 오히려 내게 삶의 지혜를 선사한 셈이다.

최선을 다했기에 후회는 없다

철이 든 후의 꿈은 어떻게 해서든 대학에 가는 것이었다. 입시 교재라고는 《대학입시 총정리》라는 책밖에 없었다. 책을 구해서 난 밤낮을 가리지 않고 전력투구했다. 정규 수업을 듣지 못한 나로서는 수학과 영어는 빵점만 면하고 그 대신 국어, 역사, 사회 같은 다른 과목들에서 만점을 받는 것을 목표로 정했다. 진량농업고등학교 교장이신 김문조 선생님이 내 딱한 사연을 알고는 대학 입시의 길을 열어주신 덕분에 나는 고려대학교에 응시하고 입학할 수 있었다.

대학 시절의 꿈은 대학을 졸업하는 것이었다. '대학을 다니면서 무슨 뚱딴지같이 대학 졸업이 꿈이냐고 할지 모르나, 나의 경우는 달랐다. 합격 통지서를 받고 입학금을 장만하기 위해 집안의 돈 되는 것을 몽땅 팔고도 모자라, 동네 사람들이 푼

푼이 모아준 돈으로 입학금만 간신히 준비할 수 있었다.

차비도 없어 사과장수들을 따라 무임승차로 상경한 나는, 입학금을 내고 나자 당장 잘 곳도 없었다. 오죽했으면 한강 다리 밑의 거지 떼를 찾아 그 틈바구니에 섞여 밥을 얻어먹었을까? 한동안 각설이 타령도 배우고 익히면서 그들과 어울려 살았다. 그러니 그때 나의 꿈은 오직 한 가지, 대학 졸업이었을 수밖에.

이처럼 꿈을 향한 끝없는 도전, 또 도전. 이것이 내 인생의 이력서가 되었다. 30대에는 오기 하나만으로 국회의원에 출마하기도 했고, 월급쟁이로는 미래가 없다면서 대유흥업주식회사를 설립해서 떵떵거리다가 말아먹기도 했다. 단돈 75달러를 들고 무작정 미국행 비행기를 탔고, 미국 벼룩시장에서 각설이 타령을 하면서 미친 듯이 춤을 추며 장돌뱅이 짓도 마다하지 않았다.

또 엉뚱하게 미국 국회의원이 되겠다고 미 연방 하원의원 공화당 예비선거에 네 번이나 도전해서 재산을 모두 잃고 거지 신세가 되기도 했다. 그리고 1992년에 삼미그룹 부회장으로 부임해서 일하다 부도를 내고 백수가 되어버렸다.

그러고 나서 환갑, 진갑 다 보낸 나이에 식당 견습 웨이터로 다시 인생을 시작했다. CF 모델로, 방송인으로, 기업체 강사로, 탤런트로, 저술가로, 16대 대통령 후보로, 서울외국어대학원대학교 부총장으로…. 변신과 도전을 거듭하면서 오늘을 사는 나의 인생 이력서는 문자 그대로 뒤죽박죽이다.

그러나 내 인생에 미련이나 후회는 없다. "똑같은 환경에 다시 태어나면 좀더 잘할 수 있지 않겠느냐?"고 묻는다 해도 나의 대답은 "아니오"다. 매순간 최선을 다해서 살아왔고 오늘도 난 최선을 다해 살고 있기 때문이다.

어머니, 나의 어머니!

　　나의 고향은 경북 경산, 대구 능금의 원산지다. 딸 여섯 다음의 막내로 태어난 나는 우리 집에서 귀하디귀한 아들이었다. 아버지는 딸만 여섯을 낳은 어머니에게 마지막 일곱 번째에도 아들을 못 낳으면 새 장가를 간다고 으름장을 놓으셨다. 어머니는 어머니대로 이번에도 아들을 못 낳으면 자결하겠다고 결심할 정도였다. 그렇게 얻은 막내아들이었으니 어머니의 애정이 오죽했으랴. 극심한 가난 속에서도 어머니의 맹목적인 아들 사랑은 가늠키 어려울 정도였다.

여섯 살 때였던가, 어머니는 설날 큰집에 가셨다가 아들 생각에 떡국을 드시지 못하고 떡을 건져서 속주머니에 넣어 오셨다. 떡국 떡이 속주머니에 말라붙어 누룽지나 진배없이 된 것을 어머니는 하나하나 떼어서 내 입에 넣어주셨다. 이제 내 나이 칠십이 되었건만, 그 딱딱하게 말라붙은 떡국 떡을 먹던 기억은 아직도 생생하다.

61등 천재?

어머니는 나를 천재라 믿으셨다. 어머니의 성화에 못 이겨 글을 가르치던 누나가 여섯 달이 지나도록 한글을 깨치지 못하는 나를 보고 답답해하며 투덜대자, 펄쩍 뛰며 말씀하셨다.

"네가 잘 못 가르쳐서 그렇지. 내 아들 상록이는 천재야. 오늘부터 공부시키는 것은 그만두되, 바보 소리는 절대 하지 마라."

그러자 누나는 어머니에게 직접 가르쳐보라고 투덜댔다. 어머니는 "내가 가르칠 줄 알면 왜 너한테 부탁하겠니!" 하시면서 맞받았다.

어린 나는 '천재'라는 어머니의 말씀이 옳은 건지, '바보'라는 누나의 말이 옳은 건지 항상 헷갈렸다.

초등학교에 입학하고 나서도 나의 천재성은 발견되지 않았다. 3학년 1학기까지만 해도 우리 반 62명 중 항상 62등 아니면 61등이었다. 덕분에 누나와 어머니는 내 통지표를 보고 걸핏하면 말싸움을 하고는 했다.

"어머니가 천재라는 아들이 이번에도 61등이네"라며 누나가 약을 올리면 어머니는 끄떡도 않고 "암, 천재지. 천재가 틀림없어" 하고 대꾸하셨다.

한번은 누나가 "도대체 무슨 근거로 상록이를 천재라고 우기느냐?"고 물었는데, 어머니의 대답이 참으로 엉뚱했다.

"상록이 머리가 크지? 머리가 크면 뇌가 크고, 뇌가 크면 천재야."

약이 오른 누나가 다시 물었다.

"그렇게 천재면 왜 1등이나 2등을 해야지, 61등이야?"

그러면 어머니는 씩씩하게 대답하셨다.

"네가 몰라서 그렇지, 천재라도 천재 머리가 트이는 때가 있는 법이야. 우리 상록이는 아직 그 천재 머리가 트이질 않아서 그러니, 머리가 트일 때까지 기다려라."

그러던 어느 날. 초등학교 3학년 2학기가 되었을 때, 담임이셨던 이상호 선생님이 산수 시간에 이런 질문을 하셨다. "1/2+1/2=2/2가 되고 2/2=1이다." 그리고 1/3+1/3+1/3=3/3이고 3/3도 1이다. 그러면 1/4+1/4+1/4+1/4=4/4인데 4/4는 무엇이냐?"

나도 다른 친구들과 같이 손을 번쩍 들었다. 그때 나와 항상 61등과 62등을 다투던 짝이 "나도 모르는데 왜 네가 손을 들어?" 하면서 자꾸 손을 들지 말라고 내 손을 잡는 통에 싸움이 붙고 말았다. 그 바람에 같이 손을 들었던 친구들은 다 손을 내리고 나 혼자만 남게 되었다.

그래서 선생님은 내 이름을 호명하셨고, 나는 얼결에 "1인 것 같습니다"라고 대답했다. 그런데 이게 웬일인가? 선생님께서 크게 칭찬을 하시는 게 아닌가!

"12년 동안 교편 생활을 하면서도 이 문제의 답을 아는 학생을 보지 못했는데 서상록은 정말 천재야!"

나는 지금도 그 순간을 잊지 못한다. 이 기쁜 소식을 전했더니 어머니는 환히 웃으며 말씀하셨다. "그것 봐라. 네가 천재인 줄 나는 진작부터 알고 있었다. 상록아! 이제 네 머리가 트인 모양이다!" 그때 어머니가 기뻐하시던 모습이 지금도 생생하다.

초등학교 졸업 후 받은 첫 월급

우리집은 애지중지하던 외동아들을 중학교에도 못 보낼 정도로 가난했다. 초등학교를 마치고 나자 어머니는 며칠을 망설이다 아주 어렵게 말씀을 꺼내셨다.

"너는 천재니까 돈 주고 중학교나 고등학교에 갈 필요가 없다. 면사무소에 급사로 취직을 시켜두었다. 월급으로 쌀 반 가마, 보리 반 가마를 준다더라. 혼자 공부해서 검정고시 봐서 대학을 가거라."

어머니로부터 이 말을 듣는 순간 하늘이 무너지는 듯했

다. 그런 말씀을 해야 했던 어머니의 속이 어땠을지는 생각도 못하고, 나는 3일 밤낮으로 학교도 가지 않고 미친 듯 날뛰면서 자식으로서는 도저히 할 수 없는 온갖 욕지거리를 어머니에게 퍼부었다. 왜 그랬는지 알 수 없으나 중학교에 가지 말고 돈을 벌라는 어머니 속을 한번 뒤집어보고 싶은 생각도 있었던 것 같다.

"일 시켜 먹고살려고 자식 낳았나? 자식을 낳았으면 책임을 져야지, 중학교도 못 보내면서 낳기는 왜 낳았어!"

온갖 욕지거리를 해도 어머니는 아무 대답이 없었다. 약이 오른 내가 치맛자락을 당겨 옷이 찢어져도 어머니는 묵묵부답, 아무 말씀도 하지 않으셨다. 그때 어머니가 속으로 흘리셨을 피눈물을 나는 보지 못했다.

3일 동안이나 이랬으니 나도 지치고 어머니도 지쳤다. 4일째 되던 날 어머니는 내 손목을 잡고 통곡을 하셨다.

"내가 낳은 아들이, 내가 믿은 아들이, 이렇게 철이 없고 속이 좁은 줄 몰랐다. 네가 이 세상에 태어나지 않았으면 나는 이미 죽은 몸, 천금같은 아들을 중학교에 못 보낼 때 이 어미 속은 어떠했겠는가를 생각해 봤느냐?"

하염없이 울고 있는 어머니를 보면서 마음이 아파오기도

했고, 더 이상 어찌할 수 없는 일이라는 걸 깨닫고, 난 그 후론 더 이상 진학에 미련을 두지 않았다.

바보와 천재는 종이 한 장 차이

초등학교를 졸업하자마자 급사로 일을 시작한 나는 첫 월급 날 쌀 반 가마, 보리 반 가마를 받아서 리어카에 실어 집에 가지고 왔다. 좋아하며 반겨주리라고 생각했던 어머니는 내가 집에 들어서자, 갑자기 부엌으로 달려가시더니 대성통곡을 했다. 하나밖에 없는 아들을 남들처럼 중학교에 보내지 못하고 일을 시킨 것이 당신에게 커다란 한이 되었던 것이다. 그러나 나는 그때까지도 그런 어머니의 마음을 알지 못했다.

하지만 나를 천재라 하시던 어머니의 말씀은 항상 잊지 않았다. 나 자신이 천재라는 자신감이 있었기에, 초등학교 졸업 후 읍사무소에서 7년 동안 일을 하며 집안을 도우면서도 공부를 포기하지 않았던 것이다.

고려대에 입학 시험을 보러 가던 날, 귀가 떨어져나갈 것 같은 그 추운 겨울 새벽, 어머니는 우물가에서 아무것도 걸치지 않은 몸에 찬물을 끼얹으면서 치성을 드리셨다.

　나를 천재라 부른 어머니가 있었기에 그 어려움 속에서도 고려대에 입학할 수 있었다는 것을, 나는 먼 훗날에야 깨달았다. 학교에 보내주지 않는다고 떼를 쓰던 철부지 막내아들이 어머니 가슴에 얼마나 커다란 못을 박았는지도 그때는 미처 알지 못했다. 그런 어머니가 살아계실 때 "어머니, 그때 정말 잘못했습니다", 이 한 마디를 하지 못한 것이 평생의 한이 된다.

　바보와 천재는 종이 한 장 차이에 불과하다는 진실을 어머니는 이미 알고 계셨던 것이다.

나이는 숫자에 불과하다

사람의 나이는 출생년도에 의한 것만은 아니다. 잘 생각해 보면 나이는 세 가지로 분류할 수 있다. 첫째는 출생년도를 기준으로 한 출생 나이, 둘째는 육체적인 나이, 셋째는 정신적인 나이다.

사고방식이나 건강 상태가 늙은 노인 이상으로 고리타분하고 허약한 20~30대 젊은이들이 있는가 하면, 60대에도 30대와 같이 건강하고 참신한 생각을 가진 사람들이 많기 때문이다.

나는 요즘 사람들이 말하는 '오륙도'라는 단어는 말도 안 되는 유행어라고 생각한다. 출생년도를 기준으로 하면 내 나이 올해 칠십이다. 그러나 이것은 출생년도 나이에 불과하다. 어느 광고 문구처럼 나이는 숫자에 불과하다. 나의 육체 연령은 30대 후반이다. 그래서 지금도 인라인 스케이트를 배우며 즐기고 있고, S-보드를 즐겨 타고 내 손으로 경비행기도 조종하고 싶어 조종사 자격증을 받으려고 준비하고 있다. 웨이터 일을 하면서 팔다리에 근육이 붙었고, 웬만한 층은 엘리베이터를 타지 않고 걸어서 아무 부담 없이 오르내릴 수 있으니 30대의 육체라고 해도 공연한 이야기는 아니라고 생각한다.

내 정신 연령은 그보다 젊은 20대다. 나는 이미 열다섯 명이 근무하고 있는 쉔브룬 식당에서 웨이터 일을 시작했는데, 내 바로 앞의 직속 선배인 열다섯 번째 선배 나이가 스물한 살, 열네 번째의 선배 나이도 스물한 살이었다. 내 직장 선배들의 평균 나이는 불과 26.7세에 불과했다.

하루에도 수백 번 "선배님, 선배님" 하고 부르고 엘리베이터를 탈 때도 "선배님 먼저", 내릴 때도 "선배님 먼저" 지하 2층 직원 식당에 가서 식기 들고 줄을 지어 설 때도, 단합대회 때 소주 한잔이라도 "선배님 먼저" 이런 식으로 일을 하다 보니,

나도 모르게 내 나이를 스무 살로 착각하고 살았다.

그 덕에 친구들과 가끔 회식이라도 하면서 어울릴 때면 친구가 아니라 꼭 아버지 친구들과 식사하는 기분마저 든다. 이야기를 해봐도, 노래방에 가서 노래를 불러봐도 코드가 나하고 잘 안 맞는 것 같다. 휴대폰으로 문자 메시지를 보내봐도 답하는 친구가 없다.

아내와 나는 나이 차이가 5살이나 난다. 예전에는 항상 '젊은 마누라'라고 생각되었는데, 웨이터 생활 몇 년 하고 나니 젊게 보였던 아내도 어머니처럼 보인다.

지하철을 타면 젊은이들이 나에게 자리를 양보하는데 앉을 수가 없다. 내 눈에는 모두가 형 같고 누나 같고 부모님 같으니 말이다.

왜 이럴까? 나는 할 수 있는 문자 메시지를 왜 친구들은 보내지 못하는가? 그것은 생각의 차이 때문이다. 스무 살이라고 생각하니 나는 할 수 있고, 내 친구들은 '나는 나이가 많으니 문자 메시지처럼 젊은 사람들이나 하는 일은 못한다'라고 아예 할 생각을 하지 않기 때문이다. 사실 문자 메시지야 눈 있고 손가락만 있으면 누구나 나이와는 관계없이 할 수 있는 일인데 말이다.

　나이는 숫자에 불과하다. 이왕이면 젊게 살자. 스스로 자신을 늙었다고 생각하지 말자. 이왕이면 젊은이들과 같이 놀면서 젊은이들에게 신지식을 배우자.

가진 것 다 쓰고 죽자

대학 동기가 찻값이 없으니 나더러 차를 한잔 사라고 한다. 그래서 차를 한잔 사면서 이런저런 이야기를 나누었다. 이야기 도중에 왜 찻값이 없을 정도가 되었냐고 물었더니 깜짝 놀랄 이야기를 해준다. 압구정동에 있는 80평짜리 아파트에서 살고 있는 이 친구가 하는 말이 6억 원을 저금해 놓고 이자를 받아 살고 있는데 요즘은 은행 이율이 너무 내려가서 도무지 여유가 없다고 한다.

"이 친구야. 압구정동 80평짜리 아파트라면 12억 원도 넘을

터인데, 그렇게 많은 돈을 깔고 누워서 돈이 없다면 말이 되는가!"

은행에 맡겨놓은 6억 원만 해도 한 달에 500만 원씩 10년을 쓸 수 있고, 아파트 팔아서 12억 원을 다 쓰려면 20년은 걸리니, 노후 설계를 새로 하라고 말하고는 웃은 일이 있다.

이 친구처럼 돈을 많이 갖고 있으면서도 돈 걱정을 하는 사람들을 보면 자신이 죽을 거라고는 전혀 생각하지 않는 모양이다.

염라대왕이 보낸 등기우편

얼마 전에 들은 이야기다. 한 남자가 65세에 갑자기 죽었다고 한다. 저승에 가서 곰곰이 생각하니 너무 억울했다. 그래서 염라대왕에게 가서 이렇게 불평을 했다.

"염라대왕님. 이왕 나를 잡아올 바에야 며칠이라도 여유를 주고 데리고 와야지 하루도 여유를 주지 않고 잡아오면, 받을 돈도 있고 정리할 것도 많은데 어떡합니까? 며칠이라도 좀더 살다 오게 해주시면 정리를 하고 다시 오겠습니다."

그랬더니 염라대왕 왈,

"내 일찍이 너한테 세 번이나 등기우편으로 통고했는데 자네가 내 말을 듣지 않았다."

그 남자가 깜짝 놀라면서 그런 우편물은 받아본 일이 없노라고 했더니 염라대왕이 이렇게 호통을 쳤다고 한다.

"눈이 옛날 같지 않고 침침하고 잘 보이지 않았지? 그것이 첫번째 통고요, 귀도 잘 들리지 않았을 것이다. 이것이 두 번째 통고요, 치아도 건강하지 않았을 거다. 이것이 세 번째 통고인데, 누구를 원망하느냐?"

우스갯소리로 받아넘기기엔 우리에게 주는 교훈이 너무 큰 것 같다. 사람은 누구나 다 죽는다. 육십이 넘고 칠십을 살았으면 우선 장수했음에 감사하고 죽음을 대비해야 현명하다. 육십이 넘고 칠십이 넘으면 부동산을 자기 명의로 갖고 있는 것도 무모한 짓이다. 죽기 전에 빨리빨리 정리해서 줄 것은 주고, 나머지는 현금화해서 다 쓰고 죽는 것이 현명한 행동이 아닐까 한다.

평생 고생해서 번 돈, 죽기 전에 자기 자신에게 써야 하지 않겠는가. 12억 원을 깔고 누워서 찻값이 없다는 친구에게 이 염라대왕 이야기를 해주었는데, 요즘은 어떻게 지내는지 궁금하다.

죽음에도 연습이 필요하다

　사람은 누구나 죽기 마련이다. 그런데 사람들은 대부분 자신이 천년만년 살 것처럼 행동하고 생각한다. 조금만 생각을 달리해 '나도 언제 죽을지 알 수 없다'는 마음만 가지면 인생관이 바뀔 것이다.

　이 글을 읽고 있는 당신은 지금 이 순간, 내가 죽으면 어떤 일이 벌어질까? 하고 상상해 본 적이 있는가. 눈을 감고, 지금 이 순간 내가 쓰러져서 이 세상과 이별한다고 상상해 보자. 과연 어떤 일이 일어날까?

유서 써보기

요즘 많은 기업체에서 중역들에게 연수를 하면서 '죽는 준비 옳게 하자' 라는 제목으로 죽음을 앞에 두는 시연試演을 한다고 한다.

관을 숫자대로 만들어 중역들을 각자 관 앞에 세워두고 강사가 이렇게 말한다.

"당신들은 지금부터 30분 이내에 죽습니다. 그러니 유족들에게 남길 유서를 30분 내로 작성해 주십시오." 그리고 30분 후, "유서를 다 작성했으면 봉투에 넣어 봉하시고 관 속에 들어가서 누워 계세요"라고 지시한다.

모두들 관 속에 들어가면 뚜껑을 덮고 다시 강사가 질문을 한다.

"지금 여러분은 저승에 있습니다. 죽기 전에 쓴 유서가 옳게 작성되었는지 생각해 보십시오."

재미있는 것은 이때 제대로 유서를 작성했다는 사람은 3 퍼센트밖에 되지 않는다고 한다. 잊어버리고 미처 쓰지 못한 사연은 말할 것도 없고 유족들에게 꼭 남겨야 할 말을 빠뜨렸다는 것이다. 때로 어떤 사람은 거액을 꿔주었는데 깜빡했다고 하고, 아무도 몰래 현금을 보관한 곳이 있는데 쓰지 않았다며 유서가 잘못되었다고 하기도 한다.

그러면 강사는 이렇게 말한다고 한다.

"염라대왕께서 여러분을 다시 이승으로 환생시켜 준다고 하니 지금까지 살아오면서 무엇을 잘못했는지, 앞으로는 어떻게 살 것인지 인생 설계를 다시 해보십시오."

그러면 사람들은 관에서 나와 자신의 인생에 대한 진지한 반성을 하고 이전과는 다른 인생 설계를 한다고 한다. 이 짧은 경험을 통해서 새로운 인생을 선물받은 것 같아, 만사에 느긋해지고 조급함이 없어지며 타인에 대해 너그러워지는 경우가 많다는 것이다.

이 글을 읽고 있는 당신도 그간 살아오면서 잘못한 일을 반성하고 앞으로 어떻게 살 것인지 새로운 인생 설계도를 작성해 보라. 이제까지와는 다른 삶이 눈앞에 펼쳐질 것이다.

죽음에 대한 상상

경기도 G시 청사 강의실, 시민 교양 강좌를 하던 나는 강의 도중 갑자기 쓰러진다. 그럼 부랴부랴 시청 직원이 119에 신고를 하고 구급차가 와서 병원 응급실로 나를 싣고 갈 것이다. 응급실 의사가 나를 검진해 보고 "이미 죽었습니다"라고 하면 아마 그로부터 20분 이내로 시체 보관소로 보내지겠지. 40분 전만 해도 건강하던 나는 차디찬 시체 보관소에 있게 되리라.

다음 순서는 시청 직원이 우리집 전화번호를 수소문해서

아내에게 연락해 이 사실을 이야기하는 것이겠지. 그러면 아내의 반응은 어떨까? 처음에는 "잘못 알고 연락하신 것 같습니다"라고 하겠지. 전화한 사람이 다시 "틀림없습니다. 조금 전 G시청에서 강의를 하시다 쓰러져 병원으로 급히 옮기긴 했으나, 이미 돌아가신 상태였습니다"라고 하면 아내의 다음 반응은 무엇일까?

'아이고, 나는 영감 없이 어찌 살꼬?' 이렇게 생각하는 것이 인간의 본능일 것이다. 죽은 남편보다는 먼저 자기 자신을 생각하며 앞날을 걱정하는 것이 인지상정이다.

그러고 나면 10시간 이내로 나의 빈소가 어느 병원인가에 차려질 것이다. 빈소 안에 걸린 영정이 되어 한번 살펴보자. 누가 와서 통곡을 하며 나의 죽음을 슬퍼할 것인가?

내가 원하는 인생을 살자

내겐 아들이 셋 있다. 이놈들은 아주 어린 다섯 살, 여섯 살, 여덟 살 때 미국으로 가서 초등학교 때부터 미국에서 교육받고 현재도 그곳에서 살고 있다. 나는 미국 시민권을 버리고 한국으로 돌아와서 1997년에 한국 주민등록증을 발급받았다.

아내가 미국에 있는 아들들에게 아버지가 돌아가셨다고 전화를 할 것이다. 나는 잘 모르겠다. 이 세 놈이 소식을 듣는 즉시 만사를 제치고 한국으로 와서 내 영전 앞에서 울어줄지, 아니면 세 놈들이 회의를 해서 대표로 한 놈만 서울로 올지…. 죽어보지 않았기 때문에 알 수 없다. 아마 모두 바쁜 놈들이니 대표로 한 애가 온다고 할 확률이 가장 높을 테고, 어쩌면 다 오지 못할 수도 있을 것이다.

친지, 지인 그리고 친구들도 문상을 올 것이다. 그중 어느 누가 통곡을 할까? 그저 왔다가 조의금 얼마 내고 모여 앉아 소주 한잔씩 할 것이다. 그리고 아는 사람들을 만나면 끼리끼리 모여서 서상록이 왜 죽었는지에 대해 이런저런 말들을 나누다 돌아갈 것이다. 죽으면 화장을 해달라고 했으니 쓰러진 날로부터 3일째 되는 날, 나는 한줌의 재로 변할 것이며 그날부터 나는 모든 산 사람들로부터 잊혀지게 될 것이다.

이처럼 내가 상상하는 나의 죽음에 대한 풍경과 대부분의 사람들의 그것이 다르지 않을 것이다. 인생이란 누구나 혼자 와서 혼자 가는 것이다. 죽음에 동행자는 있을 수 없다. 어차피 혼자 감당해야 할 인생을 살아가며 남의 눈치만 살피다, 정작 자신이 하고 싶은 일을 하지 못하고 산다면 그처럼 어리석은 일이 또 어디 있겠는가. 많은 사람들이 남의 눈치만 보며 살고 있는 걸 볼 때 측은하고 불쌍한 생각이 들 때가 한두 번이 아니다.

내가 대통령 선거에 출마한 이유

2002년 7월, 나는 대한민국 대통령이 되어보겠다고 출마를 선언했다. 나를 보고 모두 미쳤다고 한마디씩 했다.

"식당 웨이터 시작할 때부터 알아봤다. 그때부터 약간 맛이 간 것 같더니, 이젠 완전히 미친 모양이구만."

난 미치지 않았다. 단지 정치판을 보면 가슴에서 불이 났다. 신문을 봐도 가슴에서 불이 났고, 고객들의 이야기를 들어도 가슴에서 불이 났다. 정치판은 온통 도둑놈들 이야기, 국회에서는 욕질하는 이야기뿐이었다. 한 번이라도 좋은 이야기를 들은 적이 없다.

　정치인들이 술 마시고 밥 먹으면서 한다는 이야기들이란 "야, 빨리 해치워. 늦으면 그것도 못 먹어. 누구 덕분에 그 자리에 앉았는데. 말 안 들으면 확 바꿔버려!" 같은 것들뿐이었다.

　누구 하나 나라 걱정하면서 진지한 대화를 하는 이가 없었다. 도대체 어느 나라 국회가 국회의원 자리를 꾸어주고 받고 한단 말인가?

　아무리 밤을 새워가며 고민해도 이대로 내 인생을 마친다는 게 너무 아쉽다고 여겨졌다. 좀더 적극적인 사고와 행동이 필요한 것 같았다.

　'나 홀로 편하면 뭐하나? 그래, 시작해 보자. 좀더 적극적인 사고로! 웨이터의 꿈을 접고 세상 밖으로 나가서 한번 외쳐보자! '서비스 대통령'이 되겠다고! 상식이 통하는 사회를 건설해 보자. 이런 생각이 나 혼자만의 생각이 아니고 모두가 공감하는 것이라면 지지자가 생겨날 것이다. 미친놈이라고 비웃는 사람들도 있을 테지. 하지만 웨이터를 시작할 때도 그랬으니, 그런 데엔 신경을 끄자.'

　상식 밖의 일들이 일어나고 있는데 상식이 통하는 나라, 상식적인 사람이 대접받는 사회와 국가로 개혁해 보자는 나를 미쳤다고 하면, 그 사람들이 미친 것이지 내가 미친 건 아니지 싶었다.

상식이 통하는 대한민국을 꿈꾸다

법이란 만인에게 평등할 때 사람들이 믿고 따르는 것이지, 힘약한 사람들만 법을 지키라면 말이 되는가. 억대의 금품을 뇌물로 받은 정치인은 다 빠져나가고 수십만 원 훔친 사람들만 유치장에 간다면 말이 되는가.

크게 먹은 큰 도둑놈들은 유치장에 들어갈 때만 요란했지, 얼마 안 돼 곧장 뒷구멍으로 다 빠지고, 피라미들만 징역을 살고 있다면 이건 또 무슨 법인가? 국민에게 봉사해야 할 대한민국의 권부가 도둑의 소굴로 변하고, 국회가 범법자의 집단으로 변했다면 국민은 누굴 믿고 살아야 하나?

정치하는 사람이 부정부패를 척결하자고 하고 개혁을 외치고 있으나 부패의 온상이 정치판이요, 개혁의 대상이 그들인데 누가 누구를 개혁하고 누가 누구의 부패를 척결한단 말인가? 정말 웃기는 일이다.

지방자치 단체장은 지방자치에 밝고 실력 있고 청렴결백하고 도덕성이 있는 인물이 되어야 하지 않겠는가. 당쟁에 휘말리지 않고 누구나 뜻이 있으면 출마를 할 수 있어야지, 공천은 무슨 정당 공천인가?

정당 공천을 돈 없이 공짜로 해주는 곳이 있는가? 공천 받는 데 주고받는 돈이 있고, 선거 운동 하는 데 많은 돈이 필요하다면 지방자치 단체장이 된 후 본전을 뽑으려 들 것이다.

이래도 나라가 돌아가는 것은 훌륭한 국민들이 있기 때문이다. 그렇지 않았으면 벌써 다 이민 갔으리라. '무전유죄 유전무죄'. 돈만 있으면 죄는 없어지고, 돈이 없는 사람은 죄를 뒤집어쓰게 되어 있는 나라, 이것이 대한민국이란 말인가.

변호사 사무실을 한번 찾아가보라. 기본이 500만 원, 몇천만 원 선불이다. 이러면서도 영수증은 주지 않는다. 카드는 아예 받지 않는다. 이런 거액이 없는 사람은 변호사를 선임할 수가 없으니, 유죄일 수밖에 없다.

사법고시제도를 폐지하고 1년에 만 명 정도 변호사를 양성해서 누구나 저렴한 비용으로 변호사를 선임할 수 있도록 하면 보다 많은 사람들이 법의 보호를 받을 수 있게 될 것이다.

검사, 판사에게 죄가 있으면 누가 잡을 것인가. 경찰관에게도 수사권을 주어서 서로 견제하면 좀더 투명해질 것이라는 게 나의 생각이다. 판사, 검사는 모두 깨끗한가? 검사가 동료들인 판사, 검사 잡아넣고 판사가 판사 출신에게 죄 주는 일이 그리 흔한가? 설사 유죄 판결을 받았다 하더라도 받은 형량을 채우는 사람을 본 일이 있는가?

말을 하자면 끝도 없다. 그래서 가슴에서 불이 났다. 우리 국민들이야 세계 어느 나라 국민들보다 수준이 높다. 교육 많이 받았겠다, 부지런하겠다, 단결력과 애국심도 세계 어느 나라 국민들보다 강하다. 그러니 정치만 바로 서면 우리는 곧 일류가 될 수 있다. 세계 일류 상품을 우리가 얼마나 많이 만들고 있는가. 한두 가지가 아니다.

우리나라 행정과 공무원은 3류, 정치는 4류, 언론은 5류에 속한다. 4류 정도의 정치판에 들어가서 정치인들을 뜯어먹고 기생하는 것이 우리 언론이기 때문이다. 언제 우리의 언론이 국익을 생각하고 독자들의 알 권리를 충족시키기 위하여 옳게 노력한 적이 있는가? 이러니 답답하지 않겠는가.

이토록 가슴에 불이 나서 상식이 통하는 대한민국을 건

설해 보려고 출마했었다. 이래도 내가 미쳤는가? 나의 출마를 두고 밀어주지는 못할망정 나를 보고 미쳤다고 하는 그 사람들이 미친 것이 아닐까?

내 나름대로 최선을 다해 선거 운동을 하던 중 입후보자 등록일이 다가왔다. 등록을 하려고 하니 기탁금이 5억 원이고 벽보를 붙이려면 2억 7,000만 원이 든다고 한다. 정강 정책을 책자로 만들어 1,400만 장을 만들어 유권자 가정에 보내려면 27억 원이 든다 한다. 최소한 기탁금 5억 원과 벽보는 붙여야 하는데 선거가 끝나고 15퍼센트 득표를 못하면 기탁금 5억 원, 벽보대금 2억 7,000만 원은 국고로 환수된다 한다.

여론조사기관을 통해 과연 몇 퍼센트의 득표를 할 수 있는가 조사를 했더니, 15퍼센트는 고사하고 대한민국 유권자의 98퍼센트가 서상록이라는 인물이 대통령 선거에 출마한 사실조차 모르고 있었다. 아는 사람은 2퍼센트에 불과했다. 그래서 나는 포기하기로 결심했다. 사람들은 포기하는 나를 보고 이왕이면 끝까지 밀고가야지 왜 미친놈처럼 중간에 포기하냐고 했다. 안 되는 걸 확실하게 알고 포기한 내가 미친 것일까? 아니면 안 되는 걸 알면서도 끝까지 하자고 하는 사람들이 미친 것일까?

'노권당'이 뭐 하는 당이오?

2004년 어느 날, 느닷없이 당에서 호출이 왔다. 당에 가보니 중진 어른들이 여럿이 앉아 있다가 "총재님! 우리가 돈 한푼 받지 않고 대통령 후보에 공천을 해드렸는데 중간에 포기해 버렸으니, 이번에는 우리 청을 한번 들어주어야 하겠습니다" 한다.

중도 포기한 죄책감에 그러겠다고 대답했다. 이런저런 출마구를 추천하는데, 이왕 떨어질 것은 분명한데 고생스럽게 갈 것 없다 싶었다. 내가 살고 있는 구역에 출마를 해야 같은 아파트 살고 있는 분들에게라도 몇 표 얻을 듯 싶어서 강남 갑구를 택하기로 했다.

선거법이 허용하는 범위 내에서 서울 강남구 갑 지역구 내 아파트 단지 앞에서 절을 하고 악수를 청하고 발이 퉁퉁 붓도록 이리 뛰고 저리 뛰며 명함을 건넸다. 모두들 반갑게 인사는 받아준다. 아마 어디서 본 듯한 기억이 나는가 보다. 몇몇 주부들과 젊은이들은 사인을 요청하기도 한다. 이때까지는 기분이 들뜨고 어쩌면 당선될 것 같은 기분이 들었다.

하지만 명함을 받고는 이상한 눈초리로 묻는다. "출마하세요? 무슨 당으로 출마를 하십니까? 한나라? 그럼 열린우리당입니까?" 아니라고 하면 "그럼 민노당이냐?"고 묻는다. "노년권익보호당 후보입니다"라고 하면 "그게 뭐 하는 당이냐?"고 또 묻는다.

이때쯤이면 어깨가 축 처지기 시작한다.

"왜 하필이면 굵직한 당으로 출마를 해야지, 이름도 없는 정당으로 출마를 하십니까? 유명한 분이 왜 하필이면…."

이렇게 말하는 유권자들 앞에서는 할 말이 없어진다.

속마음이야 굵직한 정당을 택해서 나라가 이 꼴이 되었

냐고 말하고 싶지만 그럴 수도 없는 처지다. 정강 정책을 물어오는 유권자는 한두 사람뿐이다. 하기야 대의민주정치에 정당이라는 간판이 필요하다는 것쯤은 나도 알고 있긴 하다. 그러나 내가 선거구를 강남으로 택한 가장 큰 이유 중 하나는 우리나라 새 정치의 1번지라고 하는 강남의 유권자만은 생각이 다르리라 믿었기 때문이다.

나의 암묵지로 판단해 볼 때는 상식 이상의 진리도 없으련만, 도무지 상식이 통하지 않는 나라이니 내 마지막 인생을 던져 상식에 맞는 옳은 정치를 한번 펼쳐보고 싶었다. 그러나 도무지 이야기를 시작할 틈이 보이지 않았다.

우리나라 새 정치 1번지인 강남에서, 그리고 가장 부유하고 평균 학력이 높은 강남 유권자들의 반응이 이렇고 보면, 다른 선거구에서도 비슷한 상황일 것 같다. 무조건 이것 아니면 저것이라고 미리 짐작하고 판단해 버리니, 파고 들어가서 설득할 틈이 없는 것이다.

이렇게 해서 과연 선거가 옳게 될 것인가. 옳은 인물이 의회에 들어갈 가능성은 쥐구멍보다도 작은 것 같다.

선거관리위원회에 가도 마찬가지였다. 왜 아직 등록을 하지 않느냐고 독촉이었다. 아직 후원금이 좀 모자라 내일까지 모아 와서 등록하겠다고 하니, 그럼 자기 돈은 쓰지 않고 후원금에 의지해 출마했느냐며 이상한 눈초리로 쳐다본다.

국회의원은 돈 버는 자리가 아니고 봉사를 해야 하는 자리다. 자신의 돈을 과분하게 넣고 나면 나도 인간이라 본전을 찾으려고 할 것이고, 본전을 찾으려고 하다 보면 나도 모르게 기성 정치인들의 부패를 답습하게 될 확률이 높다. 이것을 스스로 차단하는 것은 오직 한 가지 방법밖에 없다. 필요 이상으로 돈을 써가며 선거에 이길 생각을 말자는 것인데, 이런 생각을 말하면 모두들 이상한 눈으로 바라봤다.

아무도 "왜 출마를 결심했으며 당신 정당은 어떤 정책과 정강을 갖고 있느냐?"고 물어오는 유권자가 없었다. 고단한 몸을 이끌고 집에 돌아오면 '나라꼴이야 어떻게 되든 편안하게 살 수 있는데' 하는 후회가 들 때가 한두 번이 아니었다.

몸도 마음도 고달팠지만 이런 경험들을 통해서 많은 걸 배웠다. 나라에 대한 이런저런 나의 걱정이 앞으로는 기우가 되길 간절히 바란다.

누가 정말 미친 것인가

　무엇이든 그 일에 미치지 않고서는 되는 것이 별로 없다. '나는 무엇이든지 해낼 수 있는 능력이 있다'고 믿어야 성공할 수 있다. 연애를 하려 해도 상대에게 미쳐야 성사가 된다. 미지근한 태도로 우물쭈물하다가는 다른 사람에게 빼앗기고 만다. '내가 할 수 있을까?' 하고 자신을 의심하기 시작하면 되는 일은 하나도 없다.

　그러나 미쳐도 옳게 미쳐야지, 정상적인 사람보고 미쳤다 한다든지 잘못 미치게 되면 사회가 어지러워진다.

살다 보니 세상이 참 요상하다. 정말 미친놈들이 정상적인 사람보고 미쳤다 한다. 내가 웨이터 일을 시작했을 때도 나보고 미쳤다고들 했다.

"재벌 그룹에서 부회장 하던 사람이 웨이터를 한다니 미친 사람이 아닌가?"

정말 내가 미쳐서 웨이터라는 직업을 택했을까? 남한테 신세지지 않고 내 인생 내가 살려고 일을 다시 시작한 것이다. 자식들한테 손 벌리는 구차한 아버지가 되지 않기 위해서, 아직도 몇십 년을 더 살아야 하겠기에, 지금 시작해도 늦지 않다는 생각이 들기에 새로운 인생을 살려고 했는데 미치긴 왜 미쳤단 말인가? 나보고 미쳤다고 하는 그 사람들이 미친 사람들이 아닐까?

우리나라 최고의 지성인이라 자부하는 언론인들도 마찬가지다. 기사 제목을 '전 삼미그룹 서상록 부회장, 웨이터로 전락하다'라고 쓴 그 사람들은 입을 열 때마다 직업에는 귀천이 없다고 하던 이들이 아닌가? 그런데 왜 '전락'이라는 단어를 사용할까? 당연히 '전 삼미그룹 부회장 서상록 씨, 웨이터로 전직하다, 또는 웨이터로 변신'이라고 기사화해야 마땅하다.

최고의 지성인이라 자부하는 그들이 미친 사람들이 아니

고는 이런 엉뚱한 말로 기사화할 수 없지 않겠는가. 어떤 방송에서는 '전 삼미그룹 부회장 서상록 씨, 밑바닥에서 다시 일하다'라고 했다. 앵커나 작가가 미친 사람들이 아니고서야 어떻게 이런 표현을 할 수 있을까? 나는 이렇게 말하고 싶었다. "이놈들아! 네가 와봤니? 1층에서 일을 해야 밑바닥이지, 나는 35층 꼭대기에서 일하노라"고. 85만 명이나 되는 국민들이 식당에서 서비스 일을 하고 있는데, 이렇게 함부로 말을 해서야 되겠는가.

세상의 미친놈들

세상을 자세히 들여다보면 정말 미친놈들이 많다. 사장이라는 사람들이 세금 적게 내려고 갖은 애를 쓰고, 직원 눈치 살피며 정식 월급은 월 500~600만 원으로 책정해 놓고 외제 차 몰고 헬스클럽이며 골프장 다니면서 한 달에 수천만 원씩을 뿌린다. 그러면서 노동조합 놈들 때문에 일 못해먹겠다고 야단이다. 깨끗하게, 당당하게 세금 내고 받을 만큼 받아가면 어느 근로자들이 말을 하겠는가?

　회사 사정은 아랑곳없이 무조건 매년 월급을 올려야 마

땅하다고 생각하는 노동조합 간부 역시 마찬가지다. 이들은 무리한 파업을 반대하는 양심적인 근로자들을 미친 사람들이라고 매도한다. 과연 애사심을 갖고 사리를 분명하게 판단하는 양심적인 근로자들이 미친 사람들일까? 정상적인 사람들일까? 우리 사회에서는 이런 이상한 모습들을 흔히 볼 수 있다.

기업이나 공공 조직체 직원들의 출근을 봐도 느낄 수 있다. 보통 아침 9시부터 오후 6시까지가 근무시간이다. 그러나 출근하는 것을 보면 90퍼센트 혹은 그 이상이 9시 5분 전, 3분 전, 또는 9시 정각에 회사 정문에 들어선다. 어떤 게으름뱅이들은 9시 3분 또는 10분에 허둥지둥 출근한다. 거의 같은 시간에 도착하다 보니 엘리베이터를 타고 올라가려면 5~10분 정도 기다리는 것은 보통이다.

이런 사람들은 아침에 늦게 일어나서 대소변도 편안히 보지 못하고 허둥지둥 출근하는 경우가 많다. 따라서 출근부에 도장만 찍고 바로 화장실로 직행한다. 많은 사람들이 이 지경이고 보면 화장실도 만원이라 기다려야 한다. 자기 책상에 앉으면 벌써 9시 30분이다. 그리고 또 신문 뒤적거리고 커피 한잔 해야 한다. 그러다 보면 어느덧 10시다.

이런 사람들은 자신이 무엇을 해야 하는지도 모르고 직업의식이나 사명감도 없다. 매일 한 시간씩 회사 시간을 도둑질하는 도둑놈들이요, 미친놈들이다.

그런가 하면 이들과는 다른 5퍼센트의 사람들이 있다. 이들은 목욕을 하더라도 회사 근처 목욕탕에서 한다. 보통 한 시간 일찍 출근해서 볼일도 보고 신문도 읽고, 늦어도 8시 30분 내지 40분이면 자기 책상에서 일을 하기 시작한다. 이런 사람들은 퇴근도 제때 못할 때가 많다. 그날 일들을 마무리하고 내일 할 것들을 미리 점검하고 준비하고 난 다음에 퇴근을 하기 때문이다. 그러다 보니 한두 시간 늦게, 혹은 아주 늦게 퇴근할 때가 많다.

누가 정상적일까? 투철한 직업의식을 갖고 꿈을 향해 열심히 일하는 사람들이 미친 사람들인가? 회사일이야 어찌 되었건 나하고는 상관없는 일이라고 생각하고 시계만 쳐다보다가 퇴근하는 사람들이 미친 사람들인가? 그러나 세상은 참 묘하다. 매일 회사 시간을 도둑질하고 시계만 쳐다보는 사람들이, 열심히 일하는 사람들을 보고 "똑같이 월급 받으면서 뭣 때문에 저렇게 열심히 일하는지 모르겠다"고 하면서 미친 사람들이라 하니 말이다.

변하지 않으면 살아남을 수 없다

정치도 문화도 이제는 변해야 한다. 생활 습관도 변해야 하고 직업관도 이제 변해야 한다. 생각을 바꾸면 새로운 세상이 보인다. 이것이 내 인생 경험에서 얻은 값진 상식이다. 급변하는 세계 속에서 생존을 위해서는 빨리 변해야 한다.

개인도 조직도 국가도 마찬가지다. 때를 놓치면 아무리 후회해도 아무 소용이 없다. 변해야 하는데 변하지 못하고 있으니 문제가 발생한다. 이제 우리는 더 이상 머뭇거릴 시간이 없다.

경제가 부흥하려면 노사간의 문제부터 변해야 한다. 평생고용, 평생직장이라는 것은 있을 수 없다. 좋은 조건이라면 직장을 옮겨야 한다. 더 좋은 조건이라면 또 옮겨야 한다. 형편이 좋으면 많은 인원을 고용하고 이익이 나지 않고 불경기가 되면 인원을 빨리 줄여야 한다. 이런 노동의 유연성이 없으면 경쟁력이 떨어지고 국제 경쟁에서 승리할 수 없다.

고용 창출을 하기 위해서는 투자를 넓혀야 하고 새로운 기업이 많이 생겨야 한다. 노동 인력의 경직성 때문에 있던 공장도 해외로 이전하는 마당에 외국인 투자를 유치하고 2만 불 고지를 향해 간다는 말은 헛소리다. 자기 돈 투자해서 자기 마음대로 할 수 없으면 어느 누가 한국에 투자를 하겠는가? 이건 초등학생도 알 만한 상식이다.

기업주 역시 경영은 정직하고 투명하게 해야 한다. 투명하고 정직한 경영을 해야 전 조직원이 믿고 따른다. '기업은 망해도 기업주는 죽지 않는다'는 이야기가 나오면 노사 화합은 기대할 수 없다. 기업주도 변해야 한다. 기업주는 명확한 비전을 제시하고 전 조직원이 믿고 따를 수 있도록 모범을 보여야 한다.

정치인과 정부 관리들은 기업인들에게 비자금이 필요 없게, 비리가 있을 수 없게 제도를 정비해야 한다. 공무원이나 정치인은 명예를 먹고 살아야 한다. 돈을 벌려면 정치나 공무원을 할 것이 아니라 사업을 해야 한다.

세계에 우뚝 서는 일류 국가를 만들고 일류 문화 국민이 되기 위해서는 변해야 한다. 집단적 이기주의나 주장을 버리고 전체를 생각하는 아량을 키워야 하고, 남을 배려하고 남의 이야기를 경청하고 이해해야 한다. 오늘날 우리가 겪고 있는 이 모든 난제는 변하지 않고 있기 때문에 발생한 것이다.

눈을 크게 뜨고 세상을 보는 눈도 바꾸어야 한다. 우리만이 살고 있는 세상이 아니라는 것을 알아야 한다. 함께 살아가야 한다. 내 물건은 너한테 팔아도 네 물건은 내가 못 팔아주겠다고 해서야 국제사회에서 함께 살아갈 수 있겠는가? '어찌 되었든 간에 나는 싫다'는 식의 억지는 이제 통하지 않는다. 우리는 더 많이 남을 이해하고 더불어 살아야 한다는 평범한 상식을 가지고 세상을 다시 봐야 한다.

세계로 뻗어나가려면 우리식 사고방식, 우리 문화도 중요하지만 남의 나라 사람들의 사고방식, 남의 나라 문화도 존경

할 수 있고 이해할 수 있어야 한다. 내 종교가 중요하면 남이 믿는 종교도 존중해야 한다.

케네디 대통령의 부인 재클린 케네디 여사의 장례식 장면을 TV로 본 기억이 있을 것이다. 그녀는 남편이 죽고 난 후, 그리스의 백만장자 오나시스에게 재가해서 이름이 재클린 케네디 오나시스가 되었다. 오나시스와 이혼한 후 다시 미국으로 돌아와 살면서 연하의 남자와 동거하다 죽었다.

그녀의 장례식에는 현직 대통령은 물론이거니와 미국의 저명인사들이 빠짐없이 참석하고 조사를 읽었는데, 그중 한 명이 동거한 연하의 젊은 남자였다. 뿐만 아니라 케네디 대통령 바로 옆에 안장시켜 주었다. 우리의 유교 사상으로는 이해가 안 되는 일이다.

만일 우리나라에서 국모가 남편이 죽고 난 후에 재가하고 다시 이혼하고 또 젊은 남자와 동거를 하다가 죽었다면 어떻게 했을까? 상상만 해도 웃음이 나온다.

5퍼센트의 희망

미국 국적을 가진 천재 골퍼 위성미를 두고 한국 사람이 맞다, 아니다고 하면서 왈가왈부하는 사람들이 많다.

국적이 뭐가 그렇게 중요한가. 부모가 한국 사람이면 당연히 우리의 자랑스러운 대한민국 딸이 아닌가. 자랑스러우면 됐지, 무엇을 더 바라는가.

지금 세상은 싫으나 좋으나 서로 이해하고 함께 살지 않으면 너도 죽고 나도 죽는 세상이다. 나만 혼자 잘 살려고 해도 가능하지가 않다. 결론적으로 말하면 변해야 산다. 변하지 못하면 죽는다는 것을 알아야 한다.

계약직 노동자들을 정규직 직원으로 전환해 주어야 한다고 야단들이다. 평생 직원으로 바꾸라는 이야기다. 오늘날과 같은 경쟁 시대에 경쟁에서 이기려면 경쟁 체제로 재정비하는 것이 정상이다. 천 명의 조직원이 있다면 그중 5퍼센트는 정말 탁월하다. 그러나 사람이 모두 탁월할 수는 없는 법, 70~80퍼센트는 그런 대로 열심히 일하고 자기 몫은 하는 사람들이다. 그러나 나머지 15~25퍼센트가 항상 문제다. 제 밥벌이를 못하는 것은 말할 것도 없고 일하는 데 있어 방해 요소밖에 되지 않는다.

그렇다면 전체를 위해서 언제라도 물갈이를 할 수 있는 체제가 준비되어 있어야 한다. 기업은 노동의 유연성을 갖고 있어야 한다. 필요할 때 많이 고용하고 불필요할 때 해고할 수 있는 유연성이 있어야 국제 경쟁에서 이길 수 있다. 그러고 보면 정직원이라는 것은 있을 수도 없고 있어서도 안 된다.

기업인들이 자기 기량껏 사업을 할 수 있는 기업 풍토를 조성해 주고 사업하기 좋은 나라로 만들면 고용 창출은 저절로 이루어지게 마련이다.

우수한 해외 기업을 유치하기 위해서는 정부 소유의 토지를 10년 거치 20년 상환으로 해주든지, 아니면 공자금을 투입해서 공장 부지 확보를 위한 자금을 장기 저리로 융자해 주는 것도 한 방법일 것이다.

생산성이 높은 국제 경쟁력을 가진 기업을 육성하기 위해서는 계약직 고용을 하지 말라고 할 것이 아니라, 사장부터 시작해서 전 직원을 계약직으로 고용해야 마땅하다. 능력 있고 경쟁에 이길 수 있는 사람만이 남게 해야 그 조직이 살아남을 수 있다.

프로가 되자!

　　이 세상에는 수없이 많은 직업이 있다. 무슨 직업이
든 간에 그 분야의 최고가 되면 세상 살맛이 날 것이다. 직업에
무슨 귀천이 있을 수 있겠는가. 어떤 직업을 가졌든 프로가 되
자는 이야기다. 내가 아는 한 파출부 아주머니의 이야기는 많
은 생각을 던져줄 것이다.

　　"파출부 일을 하는 제가 무슨 성공을 하겠습니까?" 하면
서 항상 자신의 직업을 창피하게 생각하고 신세를 한탄하던 파
출부 아주머니에게, 어느 날 난 "프로 파출부가 되십시오"라고

말씀드렸다. 그 아주머니는 처음에는 내 이야기를 듣고 실없다고 생각했지만 집에 가서 곰곰이 생각해 보니 일리가 있는 것 같아서 자기 자신을 변화시켰다 한다. '내 직업은 천한 직업이 아니라 지저분한 남의 집을 밝고 깨끗하게 만들어서 남을 행복하게 해주는 좋은 직업이구나! 나는 누구에게 고용된 사람이 아니라 혼자 경영하고 일하는 1인 벤처 기업의 사장이다' 라고 생각을 바꾸었다는 것이다.

생각을 바꾸니 일을 할 때 신이 나고, 일이 재미있어지니까 항상 밝은 표정으로 사람들을 대하게 되었다고 한다. 그리고 일을 마치고 나면 다음과 같은 쪽지를 남겼다 한다.

오늘 저를 불러주셔서 감사합니다. 혹시 잘못된 점이 있으면 알려주십시오. 원하시는 대로 다시 해드리겠습니다. 감사하는 마음으로 아름다운 장미 두 송이를 화장실에 꽂고 가니 즐겨주시기 바랍니다.

○○○ 올림, 연락처 000-000-0000

이렇게 시험 삼아 3주 정도를 했더니 자신을 부르는 집이 매일 20여 군데로 늘었다고 한다. 혼자 할 수가 없어서 파출부

20여 명을 채용했고, 사람이 더 필요한데 마땅한 사람들이 없다며 불평 아닌 불평을 했다. 이제 사장이 되고 보니 시각도, 생각도 바뀌게 된 것이다. 수입이 상상을 초월한다는 말도 덧붙였다. 직업소개소에서 일을 하면 일당 5만 원 받아 와도 소개료 1만 5,000원 주고 나면 남는 것은 고작 3만 5,000원이었다. 그러나 지금은 5만 원씩, 하루 두 집에서 일하면 10만 원, 소개료로 받는 돈이 1만 원씩. 그래서 월 평균 수입이 700만 원을 상회한다는 것이다.

그렇다. 한 평범한 파출부가 생각을 바꾸고 프로 파출부로 자신을 발전시켜 작은 벤처 기업 사장으로 변화한 것이다.

대한민국 최고의 도배공

평소에 아무 생각 없이 그날 맡은 집에 벽지를 바르고, 일이 끝나면 소주 한잔을 하며 세월을 보내던 한 도배공에게 나는 이런 말을 했다.

"벽지 바르는 장인이 되게! 그래서 '대한민국에서 벽지를 바르는 일은 내가 최고야!' 이런 자부심을 가지게. 소주 마시고 노름하는 시간에 당신이 바른 벽지에 문제는 없는지 한 달에 한두 번씩 점검을 나서게. 명함을 주면서 '이 집에 벽지를 바른 사람입니다. 혹시 잘못된 것이 없나 해서 점검왔습니다'라고 인사하기를 적어도 6개월 동안 일곱 번만 하라. 그러면 자네는 그 집 사람들에게 영원히 기억될 것이고, 그들은 자넬 불러 다시 일을 맡길 것이다."

자신이 하는 일에 자부심이 없는 사람, 자신의 직분에 최선을 다하지 않고 자기 직업을 스스로 비하하는 사람, 자신이 한 일에 책임지지 않는 사람, 자신의 일에 사명감을 느끼지 못하는 사람들은 프로 정신이 없는 사람들이고, 프로 정신이 없는 사람들은 최고가 될 수가 없다.

타인의 마음을 사로잡는 15가지 방법

01   선입관을 버리고 순수한 마음으로 대하고 대화한다

옷차림이나 학벌, 용모를 갖고 미리 지레짐작해 사람을 대하면 돌이킬 수 없는 실수를 범하기 쉽다.

02   상대방의 이름은 정확하게 기억하라

사람들은 자신의 이름 석 자를 대단하게 생각한다. 이름만 기억해 주어도 감동하는 사람들이 많다.

03   항상 미소를 지어라

싱글벙글하는 얼굴에 침 뱉기는 불가능하다. 웃는 얼굴을 보면 보는 사람도 마음이 환해지고 기분 전환이 되기 때문이다.

04   진심으로 칭찬할 것을 찾아 아낌없는 찬사를 보내라

칭찬을 싫어할 사람은 아무도 없다.

05   항상 상대방의 입장에서 생각해 보는 여유를 가져라

입장을 바꿔놓고 보면 답은 가끔 정반대일 수 있다.

<u>06</u> **상대방은 항상 나보다 한수 위라고 생각하고 최고로 대하라**

살다 보면 학벌이나 외모와는 관계없이 출중한 인품의 사람들을 만날 수 있으니, 항상 나보다 한수 위라고 생각하면 실수가 없다.

<u>07</u> **기대를 하는 만큼 격려하고 칭찬하라**

기대를 하는 사람은 마음껏 칭찬하고 격려해야 한다. 어설픈 충고는 상처만 주고 실망을 안겨주기 때문이다.

<u>08</u> **끝까지 상대방을 이해하려고 노력하고 경청하라**

하고 싶은 말을 못하게 하면 상대방에게 상처를 주기 쉽다.

<u>09</u> **상대방의 실수는 지적하지 마라**

상대방도 인간이다. 어찌 실수가 없을 수 있겠는가. 스스로 깨달을 때까지 참고 기다려라.

<u>10</u> **잘못이 있을 경우 스스로 인정하라**

잘못이 있을 경우 빨리 인정하는 것이 최고의 해결방법이다.

<u>11</u> **잘난 척하지 마라**

남이 인정을 해야지 아무리 잘난 척해봤자 뒤에서는 모두 웃는다. 다른 사람들도 자기 자신이 다 잘났다고 생각하기 때문이다.

12   사랑하는 사람에겐 너무 기대를 하지 마라

주는 사랑을 못할 형편이면 받는 사랑도 기대를 말아야 한다. 항상 과욕이 불행을 불러온다. 너무 욕심이 많고 받기만을 바라는 인생에 겐 사랑이란 있을 수 없기 때문이다. 사랑을 주고 싶은 상대가 있다는 사실 자체만으로 '나는 행복하다' 라고 생각하라.

13   어떠한 경우라도 막말은 하지 말아야 한다

한번 뱉은 말은 다시 담을 수 없다. 악담, 막말은 하지 않는 것이 상책이다. 후회해도 고칠 수 없기 때문이다.

14   상식이 지식을 앞선다

많이 배우고 많이 아는 것과 상식을 아는 것은 다르다. 상식이 항상 지식을 앞선다는 것을 알고, 많이 배운 사람일수록 고개를 숙여야 한다. 많이 배운 사람일수록 고정관념이 강하기 때문이다.

15   항상 먼저 전화하고 찾아가라

찾아오기를 기다리지 말고 먼저 전화하고 찾아가라. 그러면 서운했던 사이를 다시 회복할 수 있고 모든 것이 해결된다. 기다린다는 것은 사소한 일에 목숨을 거는 것과 같다.

_2장

서비스 대통령을 꿈꾸다

내 인생에서 가장 행복했던 51개월

　　지금 생각하면 웨이터로 생활한 51개월이 내 인생에
서 가장 행복한 시절이었던 것 같다. 세상 이목이나 주변 사람
들의 시선은 무시하고 고개 숙여 시키는 대로 일만 하면 내게
는 별 책임도 없었다. 처음 10개월 정도는 고생스러웠으나, 이
왕 시작했으니 최고의 웨이터가 되어야겠다고 마음먹자, 이후
에는 별로 힘든 줄도 몰랐다. 밥 주고 옷 주고 신발 주고 세탁
까지 잘해주니, 내게 필요한 것이라고는 하루 지하철표 두 장
이 전부였다.

접대할 일도 없었고, 접대받고 되갚아야 할 걱정도 없었다. 누구에게 부탁할 일도 없고, 부탁받을 일도 없었다. 70만 원 월급에서 고객 유치비로 매달 우편엽서 구입하는 돈 4만 7,000원만 투자하면 내 할 일은 다 하는 것 같아서 마음도 흡족했다.

누워 잘 전셋집이 있고 남에게 돈 빌릴 이유도 없으니, 우리 두 내외가 살아가는 데는 아무 지장이 없었다. 늙어서 구차하게 자식들에게 손 벌리지 않아도 되는 내 자신이 자랑스러웠다.

집에서 할 일 없이 있을 때는 하루 7갑이나 피우던 담배도 줄이게 되었으니 이것 역시 기분이 좋았다. 하루 10시간 정도 서서 일하다 보니 그렇게 빠지지 않던 체중도 8킬로그램 이상 줄어 몸도 가뿐해졌고 건강도 좋아졌다.

평균 연령이 26.7세인 젊은 선배들과 같이 일하고 놀다 보니 나도 모르게 육체 연령은 30대로, 정신 연령은 20대로 되돌아왔다. 그 젊고 생생한 20대 선배들과 소주도 같이 하고 노래방에 가서 밤새도록 춤추고 노래해도, 각자 비용을 나눠 내니 많아야 만 원이면 족했다. 남이야 뭐라 하든 살맛이 절로 났다.

'이 세상 어느 누가 나만큼 행복하겠는가'라는 생각이 문득문득 날 때가 한두 번이 아니었다. 정말 세상은 살 만하다는 생각이 들었다.

자서전을 쓸 기회도 생겨 《내 인생 내가 살지》라는 책을 내어 어느 날 갑자기 작가가 되었고 수입도 쏠쏠했다. 방송 출연료도 만만치 않았다. CF로 상상치도 않은 돈이 들어와서 전셋집이 내 집이 되었다. 외부 기업체 강의 요청도 많이 들어왔는데, 시간이 없어 못하겠다고 하니 강의료가 적어서 안 하는 줄로 알고 두 배, 세 배로 껑충 올려주었다. 죽지 않고 억지로라도 버티고 살아야 한다는 생각으로 포기하지 않고 새로운 인생에 도전한 내가 무척이나 자랑스러웠다.

전국 어디나 호텔 커피숍에 가면 지배인 선배들이 동료가 왔다고 반가워하면서 커피를 서비스로 주고는 했다. 어찌어찌 살다 보니 어느 날 갑자기 유명인사가 된 것이다. 정말 사람 팔자는 알 수 없는 일이지 않은가!

재벌 그룹 부회장을 하던 때는 어느 누구 하나 쳐다보는 사람들이 없더니, 웨이터가 되고 방송 출연을 하고 나니 많은 사람들이 알아보고 팬들도 생겼다. 거리에서 악수를 청하거나

사인을 해달라는 사람들도 많았는데, 그럴때면 동행한 사람들
이 부러워하기도 했다. 부끄럽기도 하고 한편으로는 우쭐한 마
음도 들었다.

　　웨이터 생활을 하던 51개월, 그때 그 시절이 나에게는 가
장 행복했던 시간이었던 것 같다. 이 자리를 빌어 나를 취직시
키기 위해 많은 어려움을 무릅쓰고 추천해 주었던 당시 롯데 본
관 이동호 이사님과 가끔 와서 격려도 하고 불편함이 없냐고 자
상하게 묻던 신영자 부회장님께 감사를 드린다.

조직 내에 중요하지 않은 사람은 한 사람도 없다

쉔브룬에 취직하긴 했어도 궁금한 것이 있었다. 롯데 호텔은 나에게 무엇을 바라고 어떤 생각으로 나를 채용했을까 하는 거였다. 만일 그 이유를 모르고 회사의 기대에 어긋나기라도 하면 나는 쫓겨날 것이 분명하기 때문이었다. 물어볼 수도 없고 해서 곰곰이 생각해 보니 대략 이런 것 같았다.

우선 서상록이라는 사람을 채용하면 대기업 부회장까지 역임한 인물이라 호텔 홍보에 도움이 될 거라고 생각했을 것이다. 둘째로는 학력이나 경력을 봐서 인맥이 있을 것이니, 매출이 좀 나아질 것이라고 판단했을 것이다. 이것이 이유인 것 같았다. 그렇다면 이들의 기대를 충족시켜 주어야 일을 계속할 수 있을 것이 아닌가.

그래서 난 홍보 활동에 최선을 다했다. 신문이나 TV, 잡지를 막론하고 기사가 나오기만 하면 호텔 이름은 틀림없이 거론되고 홍보가 되는 것이니, 무조건 적극적으로 인터뷰에 응했다. 그래서인지 한때는 신문, 잡지, TV 할 것 없이 기사들이 쏟아져 나왔다. 〈월스트리트 저널〉을 비롯해서 영국의 BBC 방송에까지 소개가 되고, 심지어는 중국의 〈인민일보〉에까지 소개되어 전 세계의 뉴스감이 되었으니 홍보는 별 힘들지 않고 잘된 것 같다.

문제는 매상이었다. 어느 기업인들 한 가지만 바라겠으며, 두 가지를 원했는데 한 가지만 잘되었다고 만족하겠는가? 그래서 생각해 낸 일이 편지 쓰기였다. 우편엽서를 매달 한 뭉치씩 구입해서 아는 사람들에게 '내가 일하는 식당이 좋으니 한번 오시라'는 간단한 내용의 편지를 보냈다. 심지어는 우리 장인어른까지 끌어들였다.

하루는 장인어른께서 전화를 해서, 차마 웨이터 일을 한다고 하는 것이 미안하셨던지 "요새 자네 재미나는 직업을 가졌다면서?" 하시기에 "예, 웨이터 일을 시작했는데, 전화만 하실 것이 아니라 직접 사위가 일하는 현장을 답사하시는 것이 좋지 않겠습니까?" 했더니 껄껄 웃으시고는 친구분들과 같이 와서 매출을 올려주시고 가신 일도 있다.

'매상을 올리는 일이라면 무슨 짓인들 못하겠는가' 하는 것이 그때 나의 생각이었다. 그런데 한번은 의아한 일이 생겼다. 자주 오던 고객 한 분의 걸음이 뚝 끊긴 것이다. 이상하게 생각한 나는 전화를 해서 왜 통 오시지 않느냐고 물어보았다가 뜻밖의 이야기를 들었다. 호텔 정문 앞에서 도어맨으로 일하는 이상한 친구가 있는 한 롯데 호텔은 가지 않겠다는 것이다. 그 도어맨이 너무 불친절해서 꼴 보기 싫다는 것이었다.

곰곰이 생각해 보면 그 말이 맞았다. 호텔 도어맨은 호텔의 얼굴이다. 누구나 할 것 없이 호텔에 오면 제일 먼저 만나게 되는 사람이 도어맨이다. 이 도어맨이 불친절하면 아무리 35층 쉔브룬 식당이 좋은들 롯데 호텔로 오겠는가? 프랑스 식당이 있는 호텔이 롯데 호텔만이 아닐진데, 보기 싫은 사람과 마주치면서까지 롯데 호텔로 오지는 않을 것이다. 나는 도어맨을 교체

할 것을 건의했다. 헌데 정작 중역들은 그렇게 심각하게 생각하지 않는 모양이었다. 이것을 고치는 데 6개월이나 걸린 것이다.

내가 주거래 은행을 J은행에서 C은행으로 바꾸게 된 동기도 이와 같았다. 평소에 거래를 하던 J은행 지점의 경비원이 너무 못마땅했다. 인사는 고사하고 마치 도둑을 살피듯 오가는 고객들을 일일이 쳐다보기만 했다. 내가 가끔 인사를 정중하게 하면 이 경비원은 머리만 끄덕이고 말았다. 하도 답답해서 지점장을 찾아가서 건의를 해보았더니, 외부 인력이라서 어떻게 할 수 없다는 것이었다. 월급은 누가 주느냐고 물었더니 은행에서 지불한다는 것이다. 그렇다면 왜 경비 회사에 이야기해서 사람을 바꾸거나 교육을 좀 시키지 못하냐고 했더니 들은 척 만 척이었다.

그러던 어느 날 우연히 C은행을 들렀는데, 경비가 얼마나 친절하던지 이리 뛰고 저리 뛰고 하면서 오가는 고객에게 인사는 물론이고 "예금하려 오셨습니까? 예금 전표 여기 있습니다. 출금하려 오셨습니까? 출금 전표 여기 있습니다. 이 짐은 제가 보관해 드리겠습니다"라는 등 고객들을 성심껏 대했다. 그날 당장 나는 은행 계좌를 J은행에서 C은행으로 옮겼다.

어떤 조직이든 간에 그 조직 내의 조직원들은 한결같은 마음으로 서로의 직책에 충실하고 자신이 맡은 임무에 성실해야 한다. 조직원 하나하나가 중요하게 여겨지지 않는 한, 그 조직은 발전할 수도 없고 경쟁에 이길 수도 없다.

어느 조직이든 모든 조직원은 자신이 속한 조직의 목표가 무엇인지, 어디로 가야 하는지, 어떻게 가야 하는지를 훤히 알고 필요한 정보를 공유하고 있어야 한다.

뉴욕의 힐튼 호텔에 한 고객이 한밤중에 들어가서 청소부를 붙잡고 방값이며 호텔 시설 등등을 물어보니, 너무 잘 알고 친절하게 안내해 주어서 감탄했다는 이야기를 그냥 흘려버릴 일이 아닌 것 같다.

서비스맨에게 'NO'라는 단어는 없다

시장경제체제에서는 많이 파는 사람이 최고다. 잘 팔아야 돈을 벌고 잘살 수 있는 것이 시장경제체제다. 지식이든 아이디어든, 비빔밥을 팔든 자동차를 팔든 상품을 못 팔면 아무 소용이 없다. 돈 벌고 성공하려면 많이 팔아야 하고, 많이 팔려고 하면 사줄 사람이 있어야 한다.

물건을 사줄 사람을 우리는 유식한 말로 고객이라 한다. 고객으로부터 사랑과 신뢰를 받으려면 정성이 담긴 서비스를 해야 한다. 그리고 유능한 서비스맨은 '아니오(No)'라는 단어는 사용하지 말아야 한다. 무슨 업종이든 고객에 대한 서비스는 기본이다. 고객에 대한 서비스 정신이 없다면 어떤 사업을 해도 망하게 되어 있다.

양식당에 여러 사람이 와서 그중 양식을 못 먹는 사람이 비빔밥을 주문하면 일단은 "예"라고 대답하고 비빔밥을 구할 노력을 해보아야 한다. 가까운 곳에 비빔밥을 파는 곳이 있는지, 시간은 얼마나 걸리는지, 서비스 요금을 받아야 하는데 그래도 좋은지 계산해서 고객에게 사전에 양해를 구하는 것이 현명하다.

무조건 "여기는 양식당인데 무슨 소리입니까?"라고 윽박지르는 것은 옳은 태도가 아니다.

트럭 판매 대리점에 와서 스포츠카를 문의하더라도 "예, 도와드리겠습니다"라고 일단 대답한 후, 고객에게 적당한 스포츠카 판매소를 찾아주는 것이 서비스맨의 기본 자세다. 그 고객이 친절에 감탄해서 트럭을 살 다른 고객을 소개해 줄지 누가 알겠는가.

고객이 성공과 실패를 결정한다

식당에 근무할 때 고객 중 한 분이 "양식당에 오면 속이 불편

해진다. 같이 온 사람 때문에 먹기는 먹어야 하는데, 김치나 고추장이 있으면 좋겠다"고 했다. 주방에 가서 이야기하니 처음에는 모두 펄쩍 뛰었다. 그러나 오랜 설득 끝에 허락을 받아서 밥과 고추장을 드렸더니, 땀을 뻘뻘 흘리면서 맛있게 드시고는 정말 감사하다는 말을 남기고 갔다. 그 후론 우리 식당의 단골고객이 되었다.

고객에게 'No'라는 단어는 절대 금물이다. 고객이 무엇을 요구해도 일단은 "예" 하고 대답을 하고 난 후에 되면 되는 대로, 안 되면 안 되는 이유를 설명을 하고 최선을 다하는 성의를 보이는 것이 마땅하다.

설사 잘못 걸려온 전화라도 친절하게 받고 아는 대로 대답을 하고 도와주는 것이 서비스맨의 자세가 아닐까 한다. 자동차를 만드는 자동차 생산 공장이든 아이디어맨이든 그것을 사 줄 고객이 없으면 무슨 소용이 있겠는가!

가끔 식당에 가보면 무슨 생각으로 식당을 하는지 알 수 없는 곳이 있다. 돈을 벌려고 식당을 하고 있을 텐데, 하는 짓을 보면 망하려고 하는 것 같은 느낌이 들 때가 가끔 있다. 몇 사람이 가서 이것저것 주문하면, 시간이 걸리니 똑같은 음식을 주문하라 한다. 주인이 편리한 대로 주문을 받고 고객은 얻어먹는 사람 취급한다.

짜서 먹을 수 없다고 하면 주인이 맛을 보고 괜찮다고 한다. 서비스가 뭔지 고객이 얼마나 중요한 존재인지 아는 사람 같으면 무조건 "그래요? 죄송합니다. 다시 해드리겠습니다"라고 대답하고 다시 해 와야 한다. 돈 주고 먹는 고객이 짜다는데 음식 파는 주인이 맛을 보고 괜찮다고 하면, 고객에게 주인 입맛에 맞춰 먹고 가라 하는 격이다. 이런 식당은 틀림없이 망한다. 누가 두 번 다시 찾겠는가? 한 사람이 불쾌한 일을 겪고 돌아가면, 그 고객 때문에 잃는 손님이 1년 평균 280명이라고 한다.

언제 어디서 무슨 사업을 하든지 고객은 왕이요, 당신의 사업을 성공으로 혹은 실패로 이끄는 사람들이다. 고객에게는 무조건 "예, 옳습니다. 죄송합니다. 그렇게 하겠습니다" 하는 것이 최고의 성공 비결이다.

세상에 쉬운 일은 하나도 없다

웨이터 일을 시작할 때 나는 이런 생각을 했다.

'웨이터 일이야 쉽겠지. 1~2년 지나면 전문 웨이터가 될 테지. 열심히 일해서 단골고객 1,000명만 확보하자. 단골고객 1,000명이 한 달에 한두 번씩만 다른 고객을 데리고 우리 식당을 방문하면 결손만 내던 이 식당은 적어도 1년에 10억 원까지 이익을 올릴 수 있을 것이다. 나를 찾아오는 1,000여 명의 단골고객 덕으로 이런 엄청난 이익을 올릴 수만 있다면 우리 회장님이 적어도 나한테 이익금의 10퍼센트 정도는 연봉으로 주지 않을까? 그래, 이왕 시작한 일, 5년 이내에 아시아에서 연봉으로 1억 원 이상을 받는 최초의 웨이터가 되어보자!'

이런 거창한 꿈과 희망을 가슴에 품고 일을 시작했다. 그리고 무조건 '내가 이 식당 주인이다'라고 생각하고 일을 시작하니, 웬만한 어려움은 별 문제가 되지 않았다.

그래서 월급 순 수령액 64만 7,000원 중 매달 4만 7,000원을 투자하는 셈 치고 우편엽서를 구입해서 보관하고 있던 명함철을 꺼내 놓고 매일 30~40통씩 "우리 식당 너무 근사합니다. 꼭 한번 오시기를 바랍니다. 최선의 서비스를 제공하겠습니다"라는 간단한 내용의 우편물을 발송했다. 회사에 우편요금을 청구하라는 말도 있었으나, '내 식당이니 내 돈으로 한다'는 생각으로 계속했다.

그렇게 하니 3,4개월 후부터는 고객들이 찾아오기 시작했고, 나는 억대 연봉 생각을 하면서 기쁘게 일을 했다. 그러다 전문 웨이터가 되기 위해서는 최소한 10년 내지는 12년의 세월이 걸린다는 사실을, 고급 식당의 전문 웨이터가 되는 길이 그리 쉽지 않다는 사실을 알게 되었다.

웨이터의 다양한 호칭

한국과 미국은 웨이터 호칭부터 달랐다. 미국에서는 식당에 취업하면 제일 먼저 '디시 보이Dish boy'로 일하게 된다. 능숙한 디시 보이 역할을 하기 위해서는 우선 그 많은 식기 이름을 외워야 함은 물론이려니와 그릇마다 각각 다른, 닦는 방법과 보관 방법까지 모두 익혀야 한다. 적어도 한두 해는 일해야 숙달된 디시 보이가 될 수 있다.

이는 한국에서도 마찬가지이나 같은 일을 하면서도 한국에서는 디시 보이라 하지 않고 그냥 웨이터 혹은 웨이트리스라 부른다.

이 과정이 끝나서 승진하면 미국에서는 '버스 보이Bus boy'가 된다. 버스 보이가 되려면 외모가 고객에게 거부 반응을 일으키지 않을 정도로 생겨야 한다. 험상궂게 생긴 사람은 평생 홀에는 나와 보지도 못하고 디시 보이로 세월을 보내야 한다. 버스 보이라는 호칭 역시 한국에는 없다. 버스 보이 역할을 해도 호칭은 웨이터다.

왜 우리나라에는 이런 명칭이 없을까? 한국 사람들은 호칭에 너무 예민하기 때문인 것 같다. 역시 한국적이다. 식모나 파출부라 부르면 싫어하고 가정관리사라고 해야 좋아한다. 목욕탕 때밀이도 요즘에는 피부관리사라고 불러야 좋아한다.

아무튼 이 버스 보이 역할도 상당한 기술이 필요하다. 접시 네 개를 날아가듯 운반한다는 게 보통 일이 아니다. 조금만 균형이 깨져도 전부 다 엎어버리기 일쑤다. 처음에는 뜨거워서 접시를 들 수도 없다.

이런 디시 보이, 버스 보이 과정을 다 거치고 숙달하는 동안 배워야 할 것이 한두 가지가 아니다. 음료수나 주류에 대해서 열심히 공부해야 한다. 조리 공부도 해야 한다.

일반인이 생각하기에는 음식이야 주방에서만 만들겠지 싶지만, 그렇지 않다. 주방에서 만드는 음식도 있지만 웨이터가 직접 고객들 앞에 원재료를 다 갖다 놓고 일일이 설명하고 직접 조리를 해야 하는 것이 한두 가지가 아니다.

예를 들어 고객이 시저스 샐러드를 주문하면 필요한 온갖 재료를 갖다놓고 이것은 짜고, 이것은 맵고, 이것은 쓰고, 이것은 달고 등등을 설명하고, "어떤 맛의 드레싱을 만들어드릴까요?" 하고 물어본 다음, 고객의 취향에 맞는 드레싱을 만들 수 있어야 한다.

험난한 웨이터의 길

칵테일도 수천 가지다. 이 중 최소한 국제적으로 통용되고 애용되는 30~40가지 정도는 언제든지 즉석에서 만들 수 있는 기술이 있어야 한다. 와인 공부도 해야 한다. 그 많은 와인 중에서 고객들이 선호하는 와인은 맛뿐만 아니라 색깔도 구분할 수 있어야 한다. 원산지며 가격도 어느 정도는 알고 있어야 한다.

예를 들어보자. 고객이 와서 "이 식당에서는 어떤 하우스 와인을 쓰고 있나?"라고 물어볼 때 "아주 싼 가격의 와인을 사용하고 있습니다"라고 대답할 수는 없는 노릇이다. 아무거나 싼 와인을 쓰고 있다고 대답하면 고객에게 싸구려 와인 찾는 고객이라고 무시하는 인상을 줄 수 있다. 한 잔에 1만 원, 1만 5천 원 하는 와인을 싸다고 말하는 것도 건방진 이야기다.

이런 경우에는 "예, 요즘 우리 식당에서는 프랑스 2001년도 산 사토 와인을 사용하고 있습니다"라고 확실하게 대답해야 한다. 맛이 어떠냐고 하면 정확한 맛을 묘사하고 설명할 수 있어야 한다.

내가 근무했던 쉔부른 식당도 280여 종의 와인을 준비해 놓고 있다. 알아야 하고 배워야 할 것이 한두 가지가 아니었다. 그래서 나도 칵테일 스쿨에 가서 몇 달 동안 와인과 칵테일을 배우고 국가에서 시행하는 필기시험과 실기시험을 거쳐 조주사造酒士 자격증을 받았다. 그러나 자격증으로만 되는 것이 아니고 현장에서 숙달된 모습을 보여야 하는데, 이것은 시간과 경험이 해결하는 문제지 공부만으로는 안 된다.

이런저런 과정을 다 거치고 나면 미국에서는 드디어 '주니어 웨이터junior waiter'라는 직함을 갖게 되고, 웨이터가 승진하면 '시니어 웨이터senior waiter'가, 또 승진하면 '매니저 manager'가 된다. 미국에서 매니저란 타이틀을 갖게 될 때쯤엔 대개는 백발이 성성해지고 그 식당을 찾는 고객들과 아주 친한 친구가 된다.

한국에서는 이런 과정을 거치지 않고 접시를 닦든 버스보이를 하든 처음부터 웨이터라는 직함을 붙여주었으니, 미국식 웨이터로 승진하면 한국에서는 '캡틴captain'이라는 직함을 갖게 된다. 말하자면 웨이터로 취직해서 캡틴(미국식으로는 junior waiter)이 되려면 10년 내지 12년의 세월이 걸린다는 얘기다. 나는 51개월 동안 일을 했지만 디시 보이만 면하고 버스 보이로 일하다가 가까운 고객이 와도 주문 한번 받아보지 못하고 중도 하차한 셈이다.

고급 식당의 정식 웨이터가 되는 것이 이렇게도 어려운 줄은 몰랐다. 정말 쉬운 일은 하나도 없더라는 진리를 알게 된 것이다. 지금도 가끔 고급 식당에 가서 주문받고 설명하는 웨이터 선배들을 보면 참 자랑스럽고 부럽다. 중도하차한 나의 입장에서 보면 말이다.

돌아오지 않는 고객들

　말 한 마디의 실수로 고객을 쫓아버린 일이 있다. 고객이 퍽 많던 어느 날, 평소 자주 오던 고객 한 분이 20여 명의 고객과 함께 예약도 없이 찾아왔다. 그런데 쉔브룬의 규칙은 다른 고객들과 균형을 맞추기 위해 드레스 코드를 엄격하게 지켜야만 했다. 그러나 그 손님들은 차림이 식당의 규칙과 맞지 않았다. 홀로 안내할 수는 없을 것 같고 급한 생각에 뒷방으로 모시면 별 지장이 없을 것 같았다. 그래서 새로 들어온 아르바이트생에게 "이 손님들 안방으로 데리고 가"라고 무심코 말했는데,

고객 한 분이 복장 때문에 못마땅해하는 눈치를 알아차린 모양이었다. 복장 때문에 고객을 받지 않아야 하는 식당의 규칙을 몰랐던 이 고객은 기분이 좋지 않은데다가 "이 손님들 안방으로 데리고 가"라는 말에 화가 났다.

"뭐, 데리고 가라고? 야! 우리가 무슨 짐승이야? 데리고 가라게. 야! 이 집 아니면 식당 없냐? 그만 나가자!"

난 하늘이 무너지는 것 같았다. 그렇다. "고객을 저 방으로 잘 모셔라"라고 했어야 옳았다. 쏟아진 물을 어떻게 도로 담는단 말인가?

손발이 닳도록 사과하고 고객을 모시고 온 단골고객에게 사정을 해서 그날은 그 20여 명의 고객들을 달래서 매상은 올리게 되었으나, 그날의 분위기로 봐서 식사를 하는 고객들의 기분도 엉망이었으리라. 아니나 다를까, 그날 이후 단골이던 그 고객은 다시는 돌아오지 않았다. 나의 말 한 마디가 귀한 단골고객 한 분을 쫓아버린 것이다.

또 한번은 이런 일이 있었다. 고객 다섯 명이 와서 식사를 주문해 순서대로 빵을 올렸는데, 그중 한 고객이 딱딱한 빵(하드롤)을 들고 고함을 쳤다.

"야! 이 빵 얼마나 오래된 거야? 우리가 어디 재고품 정리하는 사람인가? 차고 딱딱한 재고품 빵을 주면 어떻게 해!" 하면서 고래고래 고함을 치는 통에 설명할 틈도 없어 얼른 빵을 들고 나와서 따뜻하게 해서 다시 서비스해 드렸다. 여기까지는 잘한 것 같았다. 어쨌든 고객은 왕이니까.

그런데 곰곰이 생각해 보니 너무 억울했다. 원래 하드롤 빵은 단단하고 차야 제 맛이 나는 것이 아닌가? 나중에 식사를 다 마치고 나갈 때 고함치던 그 고객에게 "손님, 다음부터는 그렇게 하지 마십시오. 요구대로 빵은 따스하게 다시 올렸으나 하드롤 빵은 원래 딱딱하고 차야 제 맛이 나는 것이니 다음부터는 그렇게 드셔야 합니다"라고 말했다. 그러자 그 고객은 무안해서 어쩔 줄 몰라했다.

그리고 난 다음부터 그 고객 일행은 다시 우리 식당을 찾지 않았다. 이것 역시 나의 잘못이다. 서비스를 하는 사람이면 고객이 설사 모른다 하더라도 무안하게 해서는 안 된다. 굳이 내가 나서서 설명해 주지 않았더라도 일행 중 한 사람이 틀림없이 훗날 그에게 말을 해주었으리라.

이렇게 나의 사소한 말 한 마디, 행동 하나로 돌아오지 않던 고객들. 지나서 생각해 보니 이분들 한 분 한 분이 내게 소중한 삶의 지혜를 던져준 셈이다.

말 한 마디가 가져다준 행복

나의 사소한 실수로 돌아오지 않는 고객들도 있었지만 반대로 말 한 마디로 수백만 원의 매상을 올린 적도 있다.

식당에 근무한 지 3년째 되던 어느 날, 곱게 차려 입은 할머님 한 분이 아들, 며느리, 사위, 딸과 함께 식사를 하러 왔다. 내가 인사를 하면서 왜 할아버지는 함께 오지 않았느냐고 물었더니 할아버지는 30년 전에 돌아가셨단다. 그래서 "아니 남자들이 눈이 어떻게 되었나? 이렇게 예쁜 분이 어찌 아직까지 혼자 계신지 모르겠다"라고 하면서, "지금 가셔도 늦지 않겠는데, 자식들이 효자 효녀라면 어머님 시집부터 먼저 보내야 하겠다"고 능청을 부렸더니 할머니도 기분이 나쁘지는 않은 눈치였다.

그런데 그 후 많은 낯선 고객들이 나를 찾으면서 하는 말이 "뉴욕에 사는 할머니가 한국에 가면 꼭 이 식당을 찾아가서 식사하고 서상록이라는 웨이터에게 안부를 전해달라"고 했다는 것이다.

한번은 내가 쉬는 날에 식당을 찾은 그 할머니가 내일 떠난다면서, 왔다가 못 보고 가 그렇게 서운해하더라는 이야기를 동료들이 전해주었다. 그러면서 왜 그 할머니가 서 선배를 그렇게 좋아하느냐며 이유를 묻기도 했다.

이유는 간단했다. "너무 예뻐요"라는 말 한마디 때문이었다. 그 말 한 마디가 그분을 그렇게 행복하게 하고 수백만 원의 매상을 올리게 한 것이다.

요즘도 가끔 할머니 한 분이 나를 찾는다고 근무하고 있는 선배들이 이야기해 준다. 그때 그 할머니가 아닌가 짐작한다.

사소한 한 마디 말로 얼마나 많은 고객들을 잃어버렸는지, "할머니, 너무 예뻐요"라는 말 한 마디가 얼마나 많은 고객을 오게 했는지, 서비스맨들은 잘 기억하고 설사 고객들이 다소 불평을 늘어놓는다 해도 그 가르침을 감사하게 생각해야 한다.

점심 값 3,000만 원

쉔브룬 식당에 취직한 지 1년 반쯤 되었을 때의 일이다. 잘 아는 사모님이 점심식사를 하고 나서 음식값을 묻기에 28만 원이 적힌 계산서를 올렸다. 계산서를 보고는 수표 세 장을 주기에 무심코 받아서 계산대에 넣었다.

그런데 자세히 보니 30만 원이 아니라 1,000만 원짜리 수표 세 장이었다. 놀라서 아무 소리 않고 다시 갖고 가서 돈이 너무 많은 것 같다고 이야기하고 다른 수표를 달라니까, 눈 하나 깜짝 않고 핸드백을 열어 돈을 찾는다. 핸드백을 열고 이리

저리 다른 수표를 찾는데, 얼핏 보니 핸드백 속에 수표가 잔뜩 들어 있었다. 거의가 100만 원, 1,000만 원짜리 수표인 것 같았다.

얼마 전만 해도 돈이 없다고 걱정하던 야당 사람들이 정권이 바뀐 지 며칠 되지도 않았는데 어디서 저렇게 큰돈을 챙겨서 가지고 다닐까? 그것도 10만 원 수표가 아닌 고액권 수표들을. 은행에 넣어두면 추적을 당하니까 아예 그 큰돈을 핸드백 속에 넣어 갖고 다니는 것이 아니겠는가. 열심히 일하는 소시민들은 평생을 가도 못 만져볼 큰돈! 그렇게 큰돈을 아무렇지도 않게 핸드백 속에 넣어 다니는데, 세상이 이럴 수 있을까 싶었다.

그날은 정말 사람들 꼴이 보기 싫어 다 집어치우고 말까 하는 생각을 했다. 내가 괜히 웨이터로 취직해서 보지 말아야 하는 이런 꼴들을 직접 봐야 하나, 하는 생각 때문에 아무에게도 말 못하고 포장마차에 들러 홀로 한잔 하고 돌아온 일이 있다.

몇 억 원을 받고도 기억이 잘 안 난다고 하는 사람들. 수백 억 원 정도를 받아야 기억하는 사람들. 지도층에 있다는 사람들이 이러면 열심히 살아가는 소시민들은 너무 맥이 빠지지 않겠는가. 우리는 훌륭한 지도자를 원한다. 나라를 사랑하는 정치인을 갈구한다. 이런 꼴을 보고 나면 어느 국민이 정직하게 살아야 하고 푼푼이 모아 저축하면 잘살게 된다고 믿을 수 있겠는가.

이런 것을 알면서도 묵묵히 열심히 일하고 정직하게 살아가는 대한민국 국민들은 정말 훌륭한 것 같다. 그래서 대한민국은 아직 희망이 있는 것이다.

세상에서 제일 비싼 와인

　우리나라 사람들은 모르는 것은 물어보는 것이 최상의 예의라는 것을 잘 모른다. 웨이터로 취직한 지 1년쯤 되었을까. 어느 날 점심 때 잘생기고 옷도 잘 입은 50대 초반의 신사한 분이 30대 전후로 보이는 미모의 여성과 들어와서 조용한 방에서 식사를 할 수 있도록 해달라고 했다.

　사실 그때 나는 아직 고객들을 안내할 자격이 없는 견습웨이터였다. 그날 홀에서는 너무 바빠 선배들이 입구에서 고객을 안내할 형편이 되지 못했다. 그래서 내가 비어 있는 작은 방으로 고객을 모셨다. 안내는 하였으나 나의 직위로는 주문을 받을 수 없으므로 선배들에게 주문을 받게 하기 위해 나오려 하는데, 이 고객이 다짜고짜 말했다.

"야, 이 집에서 제일 비싸고 좋은 와인 한 병하고 식사도 최고로 갖고 와."

가끔 나이를 불문하고 고객이 우리 웨이터를 보고 '야, 자' 하는 일은 흔히 있는 일이라 참을 수 있었으나 "제일 비싸고 좋은 와인 한 병 갖고 와라" 하는 것은 분명 뭘 잘 모르고 하는 말인 것 같았다. 공연히 같이 온 여자 앞에서 허풍을 떠는 것이 분명했다.

그래서 나는 "손님, 제일 비싼 와인이라고 하면 300만 원 정도 하는데 그래도 좋습니까?"라고 물어보기 위해 "손님, 제일 비싼 와인이라 하면…" 하고 설명을 시작하는데 화를 버럭 내며 내 말을 막는다. "야! 제일 비싼 걸 갖고 오라는데 나를 무시하는 거야? 잔소리 말고 갖고 오라면 갖고 와!"

어쩔 수 없이 나는 방에서 나와 지배인에게 전후 사정을 이야기하고 어떻게 해야 할지 상의했다. 지배인도 "와인을 잘 모르는 고객인 것 같고 여자 앞에서 돈 있는 티를 내고 싶은 모양이니, 내가 가서 다시 한번 물어보겠다”고 하면서 고객 방으로 함께 다시 들어갔다. 그리고 공손하게 다시 물었다. “손님, 저희 식당 지배인인데 조금 전에 제일 비싼 와인을 주문하셔서 다시 확인차 왔습니다.”

그랬더니 남자가 호통을 쳤다.

“야, 이 자식들아! 내가 이 집에 한두 번 왔나? 내가 돈이 없어 보여? 잔소리 말고 제일 비싼 와인 한 병 갖고 와!”

방에서 나온 지배인은 “돈은 좀 있는 졸부 같은데 와인 값은 잘 모르는 것 같고, 고급 식당에도 가본 경험이 전혀 없는 사람 같다. 너무 비싸면 돈을 못 받을 수도 있으니 150만 원짜리 정도로 한 병 팔아보자”고 하면서 한 병을 갖다주었다. 점심은 1인당 12만 원짜리로 차렸다. 조금 후, 술맛이 좋았던지 한 병 더 갖고 오라고 해서 한 병을 더 올렸다.

모두들 이 얘기를 듣고 이 손님이 계산을 어떻게 하는지 관심이 집중되었다. 아니나 다를까 계산서를 올리니 야단이 났다.

“야, 이놈들아! 이거 순 날도둑놈들 아냐! 바가지도 유분수지, 아무리 좋은 고급 위스키라도 이렇게 비싸지 않다. 이 도둑놈들아! 사장 불러와라! 경찰서에 신고해야겠다."

　　허나 이미 먹은 것을 어찌할 것인가. 아무리 고함쳐도 우리가 속인 것은 하나도 없었으니 말이다. 결국 여자 앞에서 허세 한번 부려보려고 하다가 점심도 1인당 3만 5,000원짜리면 좋을 것을 공연히 12만 원 하는 비싼 코스로 주문했으니 세금 10퍼센트, 봉사료 10퍼센트가 붙어 거의 400만 원의 점심 값을 내게 된 것이다.

　　이 사람뿐만이 아니다. 우리나라 비즈니스맨이 해외에 가서 값을 잘 모르고 최고 와인을 주문했다가 출장비를 다 털리고 아무 일도 못 보고 돌아오는 웃지 못할 일들이 자주 있다고 한다. 모르면서 아는 척하는 것은 무식한 짓이다. 만물박사가 어디 있겠는가? 모르면 물어보는 것이 최상의 예의라는 걸 우리는 왜 아직도 모르는 것일까?

좌빵우수?!

용모를 단정하게 하는 것만이 예의가 아니다. 행동거지며 말하는 솜씨도 예절에 맞게 해야 인품이라는 것이 생기는 법이다.

내가 알고 있는 미국의 한 상류 상장회사에서는 이사로 진급되면 그날부터 한 달 동안은 회사 경비를 들여서 휴가를 준다고 한다. 그냥 쉬라고 주는 휴가가 아니라 그 회사 중역으로서 품위를 지키는 데 손색이 없도록 준비하라는 것이다. 미용실에 가서 조언을 받게 해서 직위에 어울리도록 머리를 다듬고, 의상 전문가로 하여금 어떤 스타일의 양복을 입으면 좋을지, 어떤 색의 넥타이를 매야 할지 등등의 조언을 듣게 한다. 이뿐 아니라 2주 정도는 예절 선생과 동행하며 식사 예절을 익히게 한다.

평사원 때와는 달리 회사의 중역이 되면 개인의 인품을 아는 것만으로는 불충분하다는 이야기다. 중역은 곧 회사의 얼굴이기 때문에 인품을 돋보이게 하기 위해서는 3박자가 맞아야 한다는 것이다. 우리나라 일류 회사치고 이렇게까지 치밀하게 간부진을 다듬고 교육시킨다는 이야기는 아직 들어보지 못했다.

외국의 유명 대학 MBA 학위 코스를 마칠 때쯤이면 최소 1주일 간은 식사 예절을 배우고 실습을 한다. 식사 테이블에서도 MBA 학위 소지자로서의 품위를 유지하기 위해서다. 우리나라 경영대학원 졸업생들에게 식사 예절을 가르치고 실습한다는 이야기는 아직 들어본 적이 없다. 그러니 품위가 따르지 못하는 우리나라 일류 회사의 중역들을 쉽게 볼 수 있다. 뿐만 아니라 우리나라 고위 공직자들 중에서도 식사 예절을 제대로 아는 사람을 찾기 힘들다.

해외에 근무하는 총영사 한 분이 내가 근무하는 식당에
온 일이 있었다. 시골 촌부도 그렇게는 식사하지 않으리라. 주
위 사람들이 모두 쳐다볼 정도로 시끄럽게 식사하는 것을 보고
오히려 내가 창피함을 느꼈다.

'외국에 주재하는 총영사라면 고객들을 초청도 할 것이
고 초대 받아 파티에도 자주 갈 텐데'라는 생각을 하면 끔찍하
게 느껴졌다. 그래서 식사 예절을 대중들에게 보급하자고 결심
하고 졸작이나마 아는 대로 식사 예절 비디오 테이프를 만들었
다. 형편이 되면 무료로 우리나라 해외 공관에 배부해서 식사
예절이라도 옳게 다듬어주었으면 하는 게 나의 바람이다.

식사 에티켓

식사 도중에 화장실에 가는 것은 식사 예절에 어긋난다. 음식을
입에 넣고 씹을 때 남이 무엇을 물으면 대답할 수 있을 정도로
소량씩 먹어야 한다는 것도 기본이다. 아무 말 없이 계속 음식
만 입에 넣고 있는 것도 결례다. 이야기를 하면서 즐겁게 음식
을 먹어야 한다.

여자분들이 음식을 먹고 난 다음에 제자리에 앉아서 화장을 고치는 것도 역시 상식 없는 짓이다. 원래 화장을 할 때는 남편도 보지 않는 곳에서 하는 것이 기본 예의라고 한다. 화장은 화장실에서 고쳐야 한다.

양식당의 포크나 나이프를 들고 이빨을 쑤시는 사람도 있다. 모두 알 만한 인사들이다.

기본인 좌左 빵, 우右 수水를 모르는 사람도 많다. 가끔 호텔에서 하는 결혼식에 가면 둥근 식탁에 앉아서 양식을 먹게 되는데, 내 빵은 왼쪽에 앉은 고객이 먹어버리고 우측에 있는 내 술과 물은 우측에 앉은 고객이 마셔버리는 통에 먹을 빵도 마실 술도 물도 없게 되는 경우를 종종 경험했다. 그래서 요즈음은 아예 왼손으로 빵을 잡고 오른손으로는 술잔을 잡고 있다. 그렇게 하지 않으면 내 몫이 없어지기 때문이다.

'좌빵우수' 정도는 알고 있어야, 고급 옷을 걸치고 앉은 사람의 품위가 살아나지 않을까 생각한다. 좌빵우수! 이 정도는 알고 고급 양식당에 가자.

성공을 꿈꾸는 사람이
알아야 할 C법칙

<u>01</u>　**Customer(고객)** 고객이 없다면 개인도 조직도 살아남지 못한다.

<u>02</u>　**Competition(경쟁)** 살아남기 위해서는 경쟁에서 이겨야만 한다.

<u>03</u>　**Change(변화)** 변하지 않고는 살아남을 수 없다.

<u>04</u>　**Courage(용기)** 용기 없는 사람은 변할 수도 없고 경쟁에서 이기지도 못한다. 인생은 용기 있는 사람들의 몫이다.

<u>05</u>　**Challenge & Complete(도전과 완성)** 도전하지 않고 무엇을 바라는가? 구하는 자가 얻게 되어 있다. 저절로 얻어지는 것은 없다. 설사 쉽게 얻었다 해도 쉽게 얻은 것은 쉽게 잃는다.

<u>06</u>　**Create(창조)** 앞으로는 남의 흉내를 내어서는 승리할 수 없다. 창조하고 한 발이라도 남보다 먼저 가라.

<u>07</u>　**Credit(신용)** 신용이 가장 소중한 자산이다. 신용이 확실하면 그 무엇도 어려울 것이 없다.

08   **Confidence(자신감)** 자신이 믿지 못하면 무엇을 팔며 누구를 설득할 수 있겠는가. 먼저 자신에게 물어보고 스스로 확신을 가질 때 남에게 이야기하고 요구하라.

09   **Cooperation(협동)** 혼자서는 큰일을 할 수 없다. 원활한 팀워크가 발휘될 때 조직의 힘이 배가 된다.

10   **Clean & Clear(깨끗함과 투명함)** 오늘날 노사간의 분쟁은 서로 믿지 못하는 데에 그 결정적인 요인이 있다. 지도자는 항상 깨끗한 도덕성과 투명한 비전을 제시해서 솔선수범해야 한다.

11   **Collect & Contribute(모으기와 기부하기)** 모으고 기부하는 습관을 가져라. 모으기와 분배가 균형을 잃으면 뒤틀리기 시작한다. 기부를 통해 사회에 환원한다는 것은 대단히 중요한 일이다. 적기에 다시 분배하라.

12   **Consistency(시종일관)** 일관성이 없으면 조직은 와해되고 목표를 상실한다.

13   **Contact & Communicate(맞대고 대화하라)** 피해서 될 일이 아니다. 만나고 부딪히고 대화함으로써 서로가 서로를 이해하고 존중할 수 있다.

14 **Commonsense(상식)** 상식 이상의 진리는 없다. 콩을 심어야 콩이 난다. 콩을 얻으려면 콩을 심어라.

15 **Control(관리 · 조종)** 관리할 수 있는 능력을 키워라. 특히 자신을 관리하라. 화날 때도 참고 자신을 이기는 극기심을 키워라. 이것이 인격이다.

16 **Concentrate(집중하라)** 자신이 하는 일에 집중하지 않으면 성과를 거둘 수 없고, 효과는 반으로 준다.

17 **Crazy(미쳐라)** 미치지 않고 되는 일이 있던가. 성공하려면 하고 있는 일에 미쳐라.

18 **Compliment(칭찬)** 칭찬하는 데 인색하지 마라. 용기를 주는 말과 덕담을 많이 해라. 이것이 인간관계를 풍요롭게 하는 핵심이다.

_3장

생각을 바꾸면
새로운 세상이 보인다

인생에서 가장 중요한 3가지

　인생에서 가장 중요한 3가지가 있다. 첫째는 출생이다. 우리 모두 대한민국 국민으로 태어난 것이 영광이고, 하늘이 선택한 행복한 국민임에 틀림없다. 만약 나이지리아나 이라크에서 태어났으면 어떨지 상상만 해도 두렵다. 또한 북한에서 태어나 살고 있다면 지금과 같은 풍요와 자유를 누릴 수 있을까?

　두번째로 중요한 것은 배우자의 선택이다. 그리고 마지막이 죽음이다. 사람은 누구나 죽는다. 그러나 우리는 살면서 자신의 죽음에 대해서 별로 생각하지 않는 것 같다. 나에게도 갑작스럽게 죽음이 다가올 수 있다는 생각을 해보는 것도 우리 인생에 도움이 될 것 같다.

나는 가끔 가슴이 답답하고 사는 게 힘들다고 느껴지면 공동묘지를 찾아가서 이리저리 돌아다니다가 온다. 그러면 문득문득 이런 생각이 든다. '나도 언젠가는 죽어서 저렇게 땅속에 묻히겠지. 지금 이 순간에 죽으면 3일 내로 저렇게 되겠지.'

그러면 모든 근심이 싹 사라지는 것 같다. 확실한 것은 아무도 나를 따라서 죽지 않을 거라는 사실이다. 결국 사람은 혼자 태어나 혼자 죽는다. 그렇다면 소중한 내 인생을 남의 눈치 보며 살 필요가 있을까? 내 인생은 내가 책임지고 살아야지 누구에게 맡긴단 말인가. 남의 눈을 의식하며 살아야 할 하등의 이유가 없다.

남의 눈치 보며 인생을 살아간다는 것은 결국 자기 인생을 살아가는 것이 아니라 허수아비 같은 인생을 살아가는 것이다. 남을 해치지 않고 공익에 어긋나지 않으면 남이야 뭐라 하든 하고 싶은 일을 하며 사는 것이 현명한 일이다.

내가 로또를 사는 이유

나는 복권 예찬론자다. 복권 사업이 예상했던 대로 많은 문제를 일으키고 있는 것은 사실이나, 나는 그에 대해 나쁘다고 말하고 싶지 않다. 충분한 준비와 심사숙고, 연구 작업을 거치지 않고 이랬다저랬다 하는 정부 시책이나, 졸속으로 시작된 정책의 여파가 앞으로 또 어떤 부작용을 빚어낼지 사뭇 염려가 되긴 해도 말이다.

복권은 부자들이 사는 것이 아니고 서민들이 하루의 희망을 안고 사는 것이다. 자신이 산 복권을 품고 백만장자나 신데렐라를 꿈꿀 수 있으니 일주일 동안만이라도 행복하리라.

복권 판매에서 생기는 수입은 공공사업을 벌여 국민 복지 기금으로 쓴다고 하니 더욱 좋다. 누가 국민 복지 기금으로 돈을 내라고 하면 선뜻 내겠는가? 혹자들은 정부가 대박을 노리는 도박 심리를 국민들에게 심어주고 사행심을 부추기고 있다고 하지만, 그건 다 헛소리다. 해외 카지노에 가서 수백억 원을 날리는 도박꾼들이 얼마나 많은가? 차라리 카지노도 내국인에게 개방하는 게 좋지 않을까 하는 것이 내 생각이다. 그래야 세금이라도 받을 게 아닌가. 카지노가 없고 복권이 없어도 도박꾼들은 도박을 하게 되어 있다.

돈 없는 사람들이 복권에 당첨되어 정신적인 고통을 받는 경우가 있는 것도 사실이긴 하나, 어디 고통 받는 일이 한두 가지던가. 복권 2,000원어치로 희망을 갖게 되어 좋고, 판매 수익으로 좋은 일도 할 수 있으니 얼마나 좋은가.

만 원의 행복

나는 얼마 전부터 일주일에 만 원어치씩 꼭 복권을 구입한다.

그놈의 복권을 지갑에 넣고 다니며 은근한 기대를 품고 기대에 젖어보기도 한다. '나도 혹시' 하는 생각을 하면 저절로 행복해진다. 일주일에 단돈 만 원 갖고 이렇게 행복해할 일이 또 어디 있을까. 지금도 토요일 밤만 되면 로또 추첨 결과가 슬그머니 궁금해진다.

언젠가 아내가 내게 이런 말을 했다. 우리 정도의 나이가 되면 최소한 5억 원 정도는 있어야 하지 않겠느냐는 것이다. 그때 나는 먹을 것 있고 잠잘 곳 있으면 되지 무얼 더 바라느냐고 하며 어물쩍 넘어가긴 했지만 늘 기분이 찜찜했다. 그래서 어느 날 당신이 원하는 5억 원을 벌기 위해 도둑질은 할 수 없고 매주 용돈을 아껴 복권을 사기로 결심했다고 말했다. 10년 동안 꾸준히 사면 한 번은 당첨될 테니 그 동안 죽지는 말고 건강해야 된다고 했더니 싫지는 않은 눈치였다.

물론 어느 날 갑자기 돈벼락을 맞게 된다고 행복해지는 건 아니라는 걸 잘 알고 있다. 대부분의 복권 당첨자들을 보면 이혼을 하거나 오히려 불행의 나락으로 떨어지게 되는 경우가 종종 있다. 현실의 성취감을 맛보며 차곡차곡 이뤄낸 결실이 아니기 때문이다. 한순간에 찾아든 가짜의 꿈은 그 꿈에서 깨어나는 순간 모두 물거품이 되고 마는 수도 있으리라. 돈이라는 것은 생물과 같아서 잘못 되면 화를 불러오는 수가 있기 때문이다.

　로또의 꿈에 부풀어 있던 사람들이 투덜대는 소리가 여기저기서 터져 나온다. 단순한 꿈을 넘어서 망상으로까지 발전한 예도 허다하다. 복권을 사기 위해 공금을 횡령한 공무원, 은행원도 있었고 집을 처분해서 로또를 구입했다가 집도 날리고 패가망신한 사람들도 있다. 사업자금으로 대출받은 돈을 몽땅 복권을 구입하는 데 털어 넣었다는 사람도 있었던 걸로 안다. 가슴 조이며 기다리던 당첨 발표의 순간, 그들은 모래성처럼 쌓아 올린 꿈이 단숨에 허물어져 내리는 허무에 절망했을 것이다.

　로또가 헛된 꿈이 되지 않기 위해서는 그저 가볍고 부담 없이 즐기면 될 것이다. 가난한 사람들이 이런 꿈마저 갖지 못해서야 되겠는가. 실제로 로또 결과를 보면 운 좋은 사람들은 수백억 원 이상의 큰 부자가 되고 어떤 때는 열 명 이상의 수십억대 부자가 새로 탄생한다. 설사 내가 당첨되지 않았다 하더라도 가난한 사람들이 부자가 되는 데 나도 일조를 하게 되었다 생각하면 그렇게 나쁜 일만은 아니라고 생각한다.

그래도 과하면 망하는 법, 이 진리를 잊지 않고 있는 현명한 국민들이 대다수이기 때문에 로또가 사행심을 조장해서 온 나라를 망하게 한다는 이야기는 말장난에 불과한 것 같다.

건강한 택시 기사

지난 일요일, 지방에 강연을 갔다가 서울역에 내려서 택시를 타고 오는 길이었다. 하도 무료하기에 기사 얼굴을 쳐다보니 참 잘생겼다. 그래서 "얼굴을 보니 재벌 관상인데 로또나 한번 사보지요" 했다. 그런데 그 기사의 대답이 나를 놀라게 했다.

로또를 한번 사볼까 해도 혹시 당첨될까 무서워서 못하겠다는 것이다. 이유는 간단하다. 다섯 형제가 오손도손 소주도 마시고 의좋게 지내고 있는데, 로또에 당첨되면 돈 때문에 형제 간의 우애가 깨질지 몰라 사지 않을 작정이란다. 이렇게 건강한 사람들이 많은데 무슨 걱정인가?

돈 때문에 생긴 병

언젠가 어느 전직 국회의원으로부터 이런 얘기를 들은 적이 있다. 그 의원에게는 아주 오랜 친구가 있었다고 한다. 그런데 언제부턴가 시름시름 앓기 시작했다는 것이다. 몸 상태는 지극히 정상으로 보여 적어도 몸의 이상으로 생긴 병은 아닌 것 같았다. 원인은 마음에 있는 것 같아 보였다. 하지만 아무리 캐물어도 그 친구는 대답을 하지 않았다. 대답을 회피하며 우물거리기만 하니 답답한 노릇이었다. 병원에 가서 진찰을 해도 아무 이상이 없다는 것이다.

친구의 병은 점점 악화되어 갔다. 그러다간 정말 무슨 중병에라도 걸려 자칫 생명을 잃게 될지도 모른다는 위기감이 들었다. 오랜 친구를 잃게 될지도 모른다는 생각에 의원까지 병이 생길 지경이었다. 생각 끝에 그 의원은 친구를 데리고 유명하다는 점쟁이를 찾게 되었다. 무슨 실마리라도 발견하게 될지 모른다는 막연한 기대감 때문이었다.

점집에 들어서면서도 의원은 왠지 기분이 찜찜했다. '대체 이게 무슨 짓이란 말인가' 하는 자괴감마저 들었다. 점쟁이의 점술 따위에서 희망을 찾으려 드는 자신이 한심하게 느껴졌던 것이다. 그런데 그렇게 찾아간 곳에서 두 사람은 전혀 뜻밖의 처방을 얻게 되었다.

한동안 친구의 얼굴을 물끄러미 바라보던 점쟁이가 불쑥 이렇게 말하더라는 것이다.

"저런저런! 이러다 죽겠구나. 당장 돈을 버려!"

의원은 처음에 점쟁이의 말을 실감할 수 없었다. 도무지 무슨 말인지 알 수 없었다.

'그럼 그렇지. 자기가 무슨 점쟁이라고. 순 사기꾼 같으니라구.'

의원은 속으로 이렇게 중얼거리며 점쟁이를 노려보듯 쳐다보았다. 그러나 점쟁이는 흐트러짐이 없었다. 자신의 점괘에 확신을 품고 있는 것 같았다. 자신감에 차 있는 표정이었다. 의원의 친구도 완강하게 점쟁이의 말을 거부했다.

"말도 안 돼. 내가 무슨 돈이 있다고 그러는지 모르겠네."

그런데도 점쟁이는 계속 솔직히 털어놓으라고 추궁했다.

"어서 사실대로 털어놔. 그러다 정말 당신 죽는다니까. 죽어버리면 그놈의 돈이 무슨 소용 있누?"

점쟁이의 재촉이 계속되자, 친구는 당황하기 시작했다. 우물쭈물하던 친구는 곧 놀라운 사실을 털어놓았다. 과연 점쟁이의 말이 사실이었던 것이다.

알고 보니 친구의 병인病因은 놀랍게도 돈이었다. 갑자기 하늘에서 뚝 떨어지듯 생겨난 현금 1억 5,000만 원. 그 돈은 원래 처제의 돈이었다고 한다. 그 친구에게는 결혼도 하지 않고 식당을 경영하면서 외로이 나이를 먹은 처제가 있었다. 그런데 처제가 어느 날 갑자기 죽어버렸다. 갑자기 벌어진 일이어서 경황이 없었다.

그런데 부랴부랴 장례를 치른 뒤 더욱 황당한 일이 닥쳐

왔다. 처제의 침대 밑에서 빳빳한 만 원권 지폐로 1억 5,000만 원 현금이 가득 찬 박스를 발견했던 것이다.

몇 개의 오렌지 상자에 가득 들어 있는 현금을 찾아낸 친구 부부의 평화로운 일상은 그때부터 완전히 깨지고 말았다. 갑자기 오만 가지 근심이 물밀듯 덮쳐온 것이다. 일단 도무지 안심이 되지 않았다. 혹시 도둑이라도 들면 어쩌나 하는 생각에 잠도 제대로 이룰 수 없었고 외출도 할 수 없었다. 세금이 무서워서 은행에 입금도 할 수 없었다.

매일 강도에게 쫓기는 꿈에 시달리기도 했다. 처제가 나타나 내 돈 내놓으라고 울며 매달리는 꿈을 수시로 꾸었다. 친구는 처제가 가련하다는 생각도 들었다고 한다. 그래서 그 돈을 섣불리 처분하지도 못하고 그냥 방 안 깊숙이 숨겨두고만 있었다는 것이다.

그런 나날이 지속되면서 친구는 부쩍 신경질이 늘었다. 아주 사소한 일에도 버럭 고함을 내지르며 폭력을 휘두르기도 했다. 그러다 시름시름 앓기 시작했다. 잠을 이루지 못한 탓에 눈동자는 언제나 벌겋게 충혈되어 있었고, 자기도 모르게 헛소리를 내뱉기도 했다.

최선의 선택

점쟁이의 말을 듣고 난 지 열흘 후, 친구는 결국 처제가 남기고 간 돈을 처제가 자주 다니던 절에 시주하기로 마음먹었다. 그것이 저세상으로 떠난 처제를 위해 해줄 수 있는 최상의 선택이라는 생각이 들어서였다. 문제의 돈을 원래 주인에게 돌려주는 방법도 그것밖에 없다는 생각이 들었다. 친구는 아내와 함께 시주를 하고 처제의 명복을 빌어주었다.

그제야 비로소 안정을 찾을 수 있었다. 천도제를 지내고 돌아온 날 밤, 친구는 꿈에서 처제를 만났다. 꿈속의 그녀는 편안하고 행복해 보이는 얼굴을 하고 있었다고 한다.

이 얘기를 듣고 내게도 비슷한 일이 벌어진다면 나는 과연 어떻게 대처할까 하고 잠시 고민해 보았다. 아마 그 의원의 친구라는 사람처럼 전전긍긍하다가 결국 병을 얻게 될지도 모른다는 생각이 든다. 그러나 솔직히 그 사람처럼 돈을 처분해 버릴지는 의문이다.

스스로 행복을 찾는 법

사람들은 일반적으로 돈 많고 명예를 지닌 사람들은 행복할 것이라고 생각하고 그렇지 못한 자신은 불행하다고 생각한다.

그렇다면 돈 잘 벌고 유명세를 타던 여배우는 왜 세상을 비관해 자살을 했을까? 돈 많이 벌어서 세상 부러울 것 없는 사람들이 왜 그렇게 불안하고 초조하게 살아가고 있을까? 부와 명예를 한몸에 지니고 있는 사람들의 생활을 살펴보면 하루하루를 불안하게 살고 있는 걸 종종 볼 수 있다.

행복해지려면 무엇보다 두려움이 없어야 한다. 두려움이 생길 만한 일은 아예 하지 말아야 한다. 뿐만 아니라 부정한 일은 처음부터 싹을 잘라야 한다. 이왕 저지른 일이라면 마음 편하게 생각하고, 앞으로 닥칠 일에 미리 불안해하지 말자.

행복은 누가 가져다주는 것이 아니라 스스로 만들어가야 하는 것이다. 없는 돈을 탓해야 아무 소용 없다. 절약을 한다든지 시간이 다소 걸리더라도 저축하고, 저축할 여유가 없으면 아르바이트라도 해서 몇 년 동안 고생을 감수하고 역경을 이겨나가는 것이 상책이 아닐까 한다. 부富가 행복의 절대 조건은 아니지만, 최소한 행복해지는 한 가지 조건은 된다. 너무 없으면 초라해지고 스스로 체면을 지킬 여유조차 없어지며 자신감을 잃게 된다.

꿈과 희망만 있으면 아무리 가난해도 참고 견디며 장래의 꿈을 위해 신명나게 살 수 있다. 꿈이 있으면 살아 있는 자요, 꿈이 없으면 죽은 사람과 마찬가지다. 꿈과 희망 역시 주어진 여건 속에서 만들고 다듬어나가야 실현 가능하다. 세상이 불공평하다고 불평하는 것은 바보 같은 짓이다. 부자나 고관대작들만 행복한 것이 절대 아니다. 다만 그렇지 못한 사람들이 그들은 행복할 것이라고 생각할 따름이다.

　　행복과 불행의 간격은 대단히 좁다. 생각하기 나름이다.
행복은 스스로 만드는 것이다.

NRC 사업에 대한 사람들의 오해

어느 날 새벽 전화가 왔다. 자다가 깜짝 놀라 전화를 받았는데 웬 낯선 사람이 다짜고짜 화부터 냈다. 그 사람의 말을 정리해 보면, 그간 나를 무척 존경해 왔는데 사기꾼들이 하는 피라미드 사업에 왜 동참했냐며 당장 그만두라는 거였다. 어이가 없기도 하고 그 사람이 너무 흥분해 있길래 그냥 웃고 말았다. 상대방도 내가 별 반응이 없으니 싱거웠는지 전화를 끊고 말았다.

평소 네트워크 사업을 하는 사람들에게 강의를 자주 다니는 관계로 흥미 삼아 이런 회사 저런 회사를 많이 알아보았다. 성공한 사람들의 이야기도 듣고 망한 사람들의 이야기도 많이 들었다.

그렇게 꼼꼼히 따져보고 네트워크 사업에 대한 내용을 알게 되니, 밑천 없이 가난한 사람들은 한번 시작해 볼 만하구나 하는 생각을 갖게 되었다. 지금은 좀더 일찍 시작하지 못한 게 후회된다.

네트워크 사업의 미래

네트워크 사업의 기초 이론은 미국의 한 대학의 박사 학위 논문에서 시작되었다. 옛날 미국에서는 보험회사 세일즈맨들이 백만장자 대열에 많이 올랐는데, 요즘은 네트워크 사업을 해서 백만장자가 된 사람들이 많다.

내가 알기로 네트워크 사업은 21세기 최고의 유통사업이다. 네트워크를 모르면 21세기 유통구조를 모르는 사람이다. 마이크로소프트의 창업자인 빌 게이츠는 한 신문과의 인터뷰에서 "당신이 만일 컴퓨터 사업을 시작하지 않았다면 무슨 사업을 시작했겠느냐?"는 질문에 서슴없이 "네트워크 사업을 시작했을 것입니다"라고 했을 만큼 유통사업, 특히 네트워크 사업은 최첨단 유통구조라고 할 수 있다.

대표적인 성공사례가 미국의 암웨이로, 이 기업은 현재 다국적기업으로 성공했고, 이외에도 전화 사업의 후발주자인 엑셀을 손꼽을 수 있다. 한국의 네트워크 사업체로는 다국적기업인 한국 암웨이를 꼽을 수 있고, 순수한 한국 토종 네트워크 사업체로는 KTF와 계약을 해 전화 선불 사업과 1만 3천여 종의 생활필수품들을 인터넷 쇼핑몰(www.nrcom.com)을 통해서 판매하며 현재 승승장구하고 있는 NRC가 있다.

네트워크 사업의 기초 이론은 아주 간단하다. 예전의 유통구조는 제조업자에서 총 도매점으로, 여기서 다시 지방 도매점에서 소매점을 통해서 일반 소비자로 넘어간다. 이렇게 여러 단계를 거쳐 가는 동안 불어나는 상품가격의 거품은 상상을 초월한다. 조직 운영비며 홍보비, 중간 사업자들의 중간 이익 등등이 한없이 부풀려져서 일반 소비자들은 이 거품이 포함된 가격을 지불하게 된다.

그러나 네트워크 사업자들은 제조업자와 소비자를 직결

해 주어 모든 불필요한 중간 경비를 탕감해 소비자들이 저렴하게 상품을 구매할 수 있게 한다. 소비자가 동시에 사업자가 되어서 회사와 이익을 공유하게 된다. 그러니 제조업자에서 총 도매업자들에게 가는 가격으로 소비하고, 제조업자와 총 도매점 사이에 생기는 이익을 서로 나누어가지는 셈이다. 다시 말하면 거품(홍보비, 중간 도매업자들의 관리비와 인건비, 소매업자들의 이익)을 완전히 걷어내고 소비자인 동시에 사업자인 네트워크 사업자들이 이익을 공유하는 형식이다.

그런데 왜 네트워크 사업을 하는 사람들이 사기꾼으로 몰리고 심지어는 자살을 하는 사업자들이 생겨날까? 우리가 여기서 생각할 것은 어느 분야의 사업치고 망하지 않는 사업은 없다는 것이다. 김밥 장사를 하다가도 망하는 수가 있고, 일반 기업도 기업주가 사기를 쳐서 도망가고 처벌을 받는 일이 어디 한두 건인가?

네트워크 회사 중에도 처음부터 사기를 치려고 시작하는 사람들이 있는 것이 사실이다. 1달러 50센트짜리 비타민을 수입해서 병과 브랜드만 바꿔 20만 원, 30만 원에 파는 경우가 있는 것도 사실이다. 또 어떤 사업자들은 회사와 관계없이 동종의 사업자들을 부추겨서 승급하라고 재촉하는 바람에 자기 카드로 사재기를 해서 결국 신용불량자로 전락하는 경우도 비일비재하다. 또 직급에 따라 판매량을 떠넘겨서 반 강제로 물건을 강매하는 회사도 있다.

악덕 다단계 사업자

이런 사례뿐만이 아니다. '파이낸셜 네트워크Financial network', 즉 '금융 다단계'라는 이상한 사업도 있다. 1억 원을 투자하면 매달 3퍼센트의 이자, 즉 매달 300만 원, 1년에 3,600만 원을 주고, 또 다른 투자자를 유치해 오면 똑같이 매달 3퍼센트씩 이자를 지급함은 물론 유치해 오는 사례비로 또 1억 원 당 1,000만 원을 즉시 지불한다 한다.

계산을 해보면 이렇다. 1억 원을 투자해 매달 3퍼센트씩 300만 원의 이자를 받는다고 하면 1년에 3,600만 원, 2년에 7,200만 원을 받게 된다.

처음 1억 원을 투자한 사람은 다른 사람을 유치해 오면 1,000만 원을 준다는 말에 유치하는 데 혈안이 되고 일가친척들에게 은행에 예금하는 사람들을 바보라며 투자를 종용한다. 1년에 10명을 유치하면 한 사람당 1,000만 원씩 받고, 또 이렇게 모인 1억 원을 추가로 투자하여 1년에 3,600만 원의 이자를 받는다. 언뜻 보면 은행에 예금하는 것에 비해서 매우 유리한 조건처럼 보인다. 그러나 속사정은 다르다.

사업주는 투자자들에게 1억 원을 받아 2년 동안 이자조로 7,200만 원을 주어도 1인당 2,800만 원이 남는다. 유치비조로 1,000만 원이 더 들어간다 하더라도 2년 동안 1인당 1,800만 원이 남아 있는 셈이다. 최상위 단계에 있는 사업주는 회원이 늘수록 더 많은 돈을 쥐게 된다. 2년만 버티면 몇 백억 원은 쉽게 벌 수 있다고 한다. 그러면 이렇게 모은 돈을 가지고 사업주는 어느 날 갑자기 잠적해 버린다.

사업주는 처음부터 사기를 칠 작정이었던 것이다. 더 큰 이익을 볼 생각으로 계속 재투자를 하였으니, 실제로 투자자들에게 남아 있는 돈은 얼마되지 않는다. 투자금을 고스란히 날리게 되는 것이다. 또한 회사에 투자하는 형식으로 서류를 꾸몄으니, 손해를 보아도 구제받을 길이 없다. 부당하게 많은 이익을 노린 투자자들도 잘못이고 사기를 친 사람도 처벌받아야 마땅하다.

　　이런 불건전한 악덕 네트워크 사업자들 때문에, 그리고 네트워크 사업의 진수를 잘 모르는 일부 언론이나, 네트워크 사업에 생소한 정부 당국의 철저하지 못한 대책으로 일반인에게 아주 나쁜 인식이 확산된 것이다. 그래서 건전한 네트워크 사업자들도 도매금으로 넘어가서 네트워크 사업, 피라미드 사업에 대해 일반인이 아주 나쁜 인상을 갖게 된 것이다. 그러나 실상은 건전한 네트워크 사업자들도 얼마든지 있고 생각하는 것처럼 사기 단체도 아니다.

NRC 전화 선불 사업

전화 회사는 시설비와 운영비, 관리비, 홍보비만 제
외하면 사실 전화 그 자체는 원가가 거의 없는 것과 마찬가지
다. A라는 사람이 전화를 한 대 구입하면 A에게 전화를 판 점
포는 5년 동안 구입한 사람이 사용하는 매월 사용 전화 요금의
7~7.5퍼센트를 전화 회사에서 지급받는다. 5년이 지나면 처음
전화를 판 대리점에서는 더 이상 수수료를 받지 못하기 때문에
전화 회사를 옮겨서 사용해 보라고 A에게 권한다. 똑같은 번호
를 사용할 수 있다고 이야기하고 이왕이면 새 전화기를 공짜로,

아니면 반값에 준다고 설득한다.

일반 사람들이야 언뜻 들어보면 싫지도 않고 손해를 보는 것 같지도 않다. 그러면 그렇게 해달라고 하고 전화 회사를 바꾸고 새 전화를 갖는다. 이렇게 하면 그 점포는 또 5년 동안 매달 전화 사용료의 7~7.5퍼센트의 수수료를 매달 받을 수 있게 된다.

3년 동안 전화를 5만 대 판 전화 점포에서는 매달 수입이 1억 7,500만 원이 생기고, 4년 동안 10만 대를 판 점포에서는 매달 3억 5,000만 원의 수입이 발생하게 된다. 왜냐하면 전화 대당 평균 사용금액이 5만 원이니까 5만 원의 7퍼센트는 3,500원이기 때문이다.

전화 선불 요금을 사용하면 자신이 사용한 금액의 10퍼센트를 돌려받을 수 있으니까 평균 10만 원 이상 사용료를 지급하다가, 자신이 사용하는 금액의 10퍼센트를 매달 받으면 1년에 12만 원이 자신의 통장으로 들어오고, 그 외에 추천 수당, 직급 수당, 교육비, 장려금 등으로 모두 약 37퍼센트의 수익을 받게 된다.

전화 선불 요금제를 시행하면 전화 회사로서는 신용불량

자들이 생기는 것을 막고, 광고비로 수천만 원을 쓸 필요도 없게 된다. 불필요한 관리비와 인건비도 적게 드니 전화 회사도 좋고 사업자는 사업자대로 수입이 증가한다.

이왕 사용하는 전화 요금. 남에게 이익금을 돌려줄 게 아니라 자신이 받는 게 현명하지 않겠는가. 이 정보를 남에게 주면 정보를 받아 선불 요금을 사용하는 사람도 좋고, 추천금이 나오니 서로에게 좋은 일이라 생각해야 마땅한 게 아닐까?

미국 바로 알기

까마득한 어린 시절, 내가 초등학교 1학년 때였나 보다. 학교에 입학하니까 학교 정문 앞에 흑인과 백인 군인들의 허수아비가 만들어져 있었다.

하나는 검은 얼굴에 눈과 이빨만 하얗게 보였고, 하나는 노란 머리에 파란 눈동자를 가진 군인 허수아비였다. 처음 보는, 이상하게 생긴 군인이었다.

선생님들은 먼저 죽이지 않으면 이 이상한 군인들이 아이들을 잡아먹으니 무조건 먼저 찔러 죽이라고 가르쳤다. 그러

고 몇 달이 지나지 않아 일본이 패전하고 학교 교문 앞에 세워
놓은 귀신처럼 생긴 희고 검은 군인들이 실제로 보이기 시작했
다. 우리들은 나무 뒤에 숨어서 겁을 먹은 채 이 귀신같이 생긴
군인들을 살피고 있었는데, 우리를 본 이 귀신 같은 군인들이
무언가를 던져주었다. 난생 처음 보는 초콜릿이라는 것이었다.
물론 그들은 우리를 잡아먹지도 않았다. 어른들에게 물어보니
미국 군인들인데, 어린아이를 잡아먹는 귀신이 아니라고 하면
서 일본 선생이 거짓말을 했다고 했다.

　　이것이 내가 미군을 처음 만났을 때의 기억이다. 그 후
미군들이 들어오면서 춥고 배고픈 우리에게 구호물자를 주어서
옷가지도 얻어 입고 추위도 면했다. 이런 것들을 생각하면 미국
과 한국은 동맹관계를 더욱 공고히 하고 발전시켜 나가야 한다.

　　그러나 우리가 잊어서는 안 되는 일도 있다. 미국과 소련
은 지금 우리 남북한의 7,000만 동포들에게 분단의 아픔과 서
러움을 안겨준 주체들이기도 하다. 그들이 자기네들의 이해관
계 때문에 우리 국토를 두 동강이로 만든 장본인들임을 잊어서
는 안 된다. 우리 정치인들, 특히 대통령은 무조건 미국을 너무
믿어서도 안 되고 그렇다고 해서 한·미 동맹 관계를 어설프게

다루어서 동맹관계에 금이 가게 해서도 안 된다. 왜냐하면 국가 간의 동맹이니 협정이니 하는 것은 강대국의 필요에 의해서 언제든지 일방적으로 폐기되는 일이 있는 법이니까 말이다.

미군들은 우리가 나가라고 한다고 해서 물러나지도 않을 것이고, 우리가 필요하여 붙잡는다고 해서 있지도 않을 것임을 확실히 알고 있어야 한다. 미군이 한국에 주둔하는 이유는 미국의 극동방위선이 한국의 38선이기 때문이다. 전략상 미국의 방위선이 달라지면 언제 떠날지 알 수 없는 그들이다. 우리를 위해서 미국이 주한 미군을 주둔시키지는 않는다는 것을 확실히 알아야 한다는 말이다.

미군이 떠나기 전에 그들이 떠나도 좋을 만큼 우리의 국방체제를 완수해야 하고, 미군에게 나가라기 전에 미군이 없어도 자립할 수 있는 준비를 해야 한다. 국제관계는 영원한 적도, 영원한 우방도 없다는 평범한 상식을 잊어서는 안 된다. 세계 역사상 정의의 전쟁이 어디 있었던가? 앞으로의 전쟁은 무력 전쟁이 아니라 경제 전쟁이고, 이 전쟁에서 우리는 반드시 승리해야 한다.

부자 나라, 미국의 고민

얼마 전에 새로 개발한 신상품 시장도 개척할 겸, 손자 손녀들도 보려고 20여 일 동안 미국에 다녀왔다. 그곳에서 이런저런 사람들과 만나고 대화를 하면서 느낀 건 '부자 나라의 국민들이라고 해서 고민이 없는 것은 아니구나' 하는 거였다.

두 사람 중 한 사람은 비만이나 혈압, 아니면 심장병에 시달리고 있는 것 같다. 이런 병은 너무 풍요로워서 오는 병들이다.

포트랜드의 한 식당에 가서 티본 스테이크를 주문한 나

는 그만 기절하는 줄 알았다. 두께는 말할 것도 없고 크기가 큰 쟁반만 했다. 어찌어찌 조금 먹기는 했는데, 하도 기가 막혀 지배인을 불러서 "이렇게 음식을 많이 주니 당신네들이 뚱뚱해지고 심장병, 고혈압에 걸리는 것이다"라고 했다. 그랬더니 지배인 말이 더 재미있다.

튀어나온 자기 배를 두들겨 보이면서 "당신 말이 맞긴 맞는데…. 우리도 어떻게 바꿔봐야 하겠는데, 저렇게 많이 주어도 적다고 불평하는 사람들이 있다"는 것이 아닌가.

미국의 막강한 군사력

세계 역사상 미국처럼 군사력이 강력한 나라는 없었다. 2003년도 세계 각 나라들의 총 국방비는 7,400억 불인데 그중 절반이 넘는 50.66퍼센트가 미국의 국방예산이다. 2003년을 기준으로, 미국의 정보 수집 예산은 200억 불이 넘는다. 한국의 2003년도 총 국방비 130억 불보다 훨씬 많은 예산이 미국의 정보 수집비로 사용되고 있다.

이 세상 어느 국가도 미국과 맞붙어 전쟁을 할 수 있는 나라는 없다. 미국은 펠리칸Pelican이라고 명명한 거대 군사 항공기 (보잉747의 3배 크기)를 개발해서 필요하면 이 비행기로 모든 전쟁에 필요한 군수물자와 인력을 싣고 직행, 20시간 이내로 전투지역에 투입해서 전투를 개시할 수 있다. 다시 말하면 군사기지라는 것은 명목상이지 실제로는 이제 하등의 의미가 없다.

미국은 또한 '이지스함Aegis'이라 칭하는 거대한 함대를 보유하고 있다. 이것은 현재 일본(4대 보유)을 제외하고는 세계 어느 나라도 없는 비장의 해상 무기다. 항공모함을 보호하기 위한 목적으로 건조되었지만 분당 200기 이상의 미사일을 발사할 수 있으며, 이 배를 중심으로 직경 300킬로미터 이내에 있는 모든 물체를 발견할 수 있고 선제공격을 할 수 있다.

가격은 1조 원이 조금 넘는 정도라는데 건조비가 문제가 아니라 운영에 드는 비용이 너무 막대해서 우리나라처럼 국방비가 열악한 나라는 설사 누가 공짜로 준다 해도 총 국방비를 다 털어 넣어야 6개월간 운영할 수 있다 한다.

2005년 미국 사관학교 졸업식에서 부시는 "이제 미국은 민간인의 피해 없이 적의 심장부를 공격할 수 있는 신무기를 개발했다"고 공식적으로 공포했다. 다시 말하면 국가가 아닌 정부를 공격할 수 있다는 의미심장한 말이다. 이로부터 제거해야할 독재자들은 더 이상 민간인 속에서 숨어 살 수 없는 형편에 놓이게 된 것이다.

9·11 이후 미국인들은 아직도 테러의 악몽에 시달리고 있다. 빈 라덴 한 사람과 싸우기 위해 수천 명을 동원해서 출입국하는 사람들을 감시 감독해야 하고, 국제선 국내선 할 것 없이 비행기마다 두 사람의 경호원을 탑승시켜야 한다. 이런 테러 공포증 때문에 미국행 비행기를 타는 사람들의 고통과 불편이 한두 가지가 아니다.

다시 말하면 세계 경찰 국가로 거듭나기 위한 수천억 불의 투자도 새로운 테러전 앞에서는 무용지물이 되고 만 것이다. 사실 상상만 해도 끔찍한 일이다. 미국 내에 잠입해서 핵폭탄을 만들고, 이 핵폭탄을 짊어지고 뉴욕 시 한복판에서 터뜨리고 자살하는 자살 테러범들 앞에서는 아무리 성능이 우수한 신무기라 할지라도 무용지물이다. 풍요한 미국의 고민이 어디 이것뿐이겠는가?

서부 주민들은 항상 지진의 공포에 시달리고 있다. 어느 정도 만성이 되긴 하였지만, 그래도 지진에 대한 공포심은 테러 공포만큼이나 서부의 미국인들을 불안에 떨게 하고 있다.

뿐만 아니라 미국의 국제무역 적자는 상상을 초월한다. 다시 말하면 미국은 빚덩어리 나라다. 미국이 발행한 국공채의 73퍼센트는 일본과 유럽의 국가들이 소유하고 있다. 미국은 오랫동안 국제무역 적자로 경제가 나빠지면서 기댈 것이라고는 국공채 발행밖에 뾰쪽한 수가 없었다. 그러다 보니 빚만 산더미같이 쌓아놓은 상태다. 미국이 파산하면 미국의 국공채를 사서 쥐고 있는 국가들 역시 파산할 위기에 있기 때문에 공포에 떨기는 마찬가지다.

이런 최악의 위기를 모면하는 길은 역시 전쟁밖에 없다. 그래서 발발한 것이 이라크 침공이 아닌가 싶다. 석유 채굴권 등 어느 정도 경제적 도움은 얻었지만, 국제 여론도 나빠지고 국내 반전 단체들의 반격도 만만치 않으니 지금 전후 처리에 골치를 앓고 있는 형편이다.

게다가 미국이 그렇게 자랑하던, 기계 산업의 꽃이자 미국의 자부심이던 자동차 산업이 무너지고 있다. 천년만년 건재할 것 같던 GM이 일본의 도요타 자동차에 밀리고 파산까지 거론되고 있다. 수만 명의 근로자들이 구조조정으로 하루아침에 실업자로 밀려날 형편이다.

　　이런 모든 것들이 너무 풍요했던 미국이 오랜 세월 동안
자만과 독존으로 지탱해 와 스스로 자초한 것이다. 누가 말했던
가? 영원한 로마는 없다고.

명견은 도둑 보고 짖고
똥개는 보름달 보고 짖는다

엉뚱한 말과 행동으로 앞뒤를 분간하지 못하고 똥개 짖듯 하는 사람들이 얼마나 많은가? 이익이 있다 싶으면 입에 거품을 물고 찬사를 늘어놓다가, 막상 이익이 없다 싶으면 어제 했던 말 다 잊어버리고 죽일 놈, 살릴 놈 하고 삿대질을 한다.

특히 배운 사람들, 지식인, 오피니언 리더라고 자부하는 부류들에게서 이런 현상이 심한 것 같다. 우리나라 국회에는 좋은 분들이 많이 있긴 한데, 똥개처럼 보름달 보고 짖는 부류들이 너무 많아서 대접도, 신임도, 사랑도 못 받고 도매금으로 몰

매를 맞는 것 같다.

　당연히 해야 할 일을, 손바닥으로 하늘을 가리듯 엉뚱한 목소리를 내면서 반대를 위한 반대를 거듭하다가 줄 것 다주면서 아무 대가나 대접도 못 받게 되었다.

　이라크 파병문제를 보자. 가까운 우방 동맹국가의 이해가 걸려 있는 문제이니 우리의 이해와도 맞먹는다고 생각하면 간단하다. 그런데 그들은 정의의 전쟁 운운하면서, 불의의 전쟁에 가담하는 것은 미친 짓이라고 한다. 그들의 이론을 빌리면 전쟁에는 정의로운 전쟁이 있고 불의의 전쟁이 있다고 한다. 과연 그럴까? 눈을 뒤집고 역사를 살펴봐도 정의로운 전쟁은 없었다. 모든 전쟁이 국가 간의 이해관계에 의해서 발발하고 종식되었다. 이 세상에 정의로운 전쟁이 어디 있단 말인가? 항상 승전국가가 정의로운 것이고 패전국가에게 모든 책임이 전가되었다.

　FTA 협정도 마찬가지다. 우리는 수출을 해야 먹고사는 나라다. 수출이 용이하지 않으면 우리 경제는 마비된다. 우리는 더 많은 국가들과 FTA 협정에 동참해야 한다. 너무나도 명확한 과제를 두고 국회 인준 과정에서 그처럼 난리를 피우는 것을 보면 농민들의 표만 의식해서 국가의 대사를 망칠 짓을 스스럼없이 하는, 보름달을 보고 짖는 똥개를 연상하게 된다.

농민들의 표를 의식해서 농자금을 10조 원 이상 풀자고 할 것이 아니라, 그 돈의 10분의 1만이라도 새로운 농산물 연구 개발비로 투자해서 농민들에게 경쟁 농산물을 경작하도록 지도했어야 마땅하다.

일본의 농부 가타야마 히사노부는 일명 '명품 사과'를 재배하는 데 성공해서 1개당 15달러에 판다. 중국 베이징에서는 부자들에게 한 개에 17달러씩 팔아도 불티나게 팔린다고 하지 않는가? 더욱이나 껍질에 중국의 용 문양으로 장식한 최고급 사과는 개당 100달러요, 일본이 태국에 수출하는 머스크멜론은 개당 240달러, 쿠웨이트에 수출하는 사각 수박은 개당 170달러라고 한다. 농민들을 보호하려면 옳게 선도해야지, 눈앞에 닥친 선거와 표만 의식해서는 안 된다.

가까운 예로 황우석 교수의 논문 조작 사건만 해도 그렇다. 이구동성으로 칭찬하던 그들이 지금은 언제 그랬느냐는 식이다. 서울대학교 측도 마찬가지다. 황 교수가 받아오는 정부 지원금을 관리비 명목으로 받았으면서도, 아무것도 하지 않고 있다가 문제가 발생하자 자체 조사를 한다면서 야단법석을 하고 "우리가 당연하게 해야 할 관리를 소홀하게 해서 죄송하다"
는 말은 쏙 빼고 황 교수만 죽일 놈인 것처럼 한다. 이게 대학
중의 대학이라고 자부하는 서울대학교의 처신이요, 대책이라면
똥개와 무엇이 다르겠느냐는 말이다.

영국에 가면 롤스로이스를 타고 가는 사람을 사람들이 존
경의 시선으로 쳐다보고 경찰은 거수경례를 한다고 한다. 왜냐
하면 "당신들이 많이 벌어 내는 세금으로 우리가 잘살고 있습니
다"라고 생각하고 "더욱 열심히 하십시오"라는 격려의 표시다.

영국처럼은 아니어도 국민을 대표하는 국회의원이나, 지
도층이라 자부하는 사람들이 자기 변명에 급급해서 엉뚱한 이
론을 내세우며 똥개 짓을 한다는 것은 아무리 생각해도 이해가
되지 않는다.

명견은 도둑 보고 짖고 똥개는 보름달을 쳐다보며 짖는
다. 명견은 도둑이 주는 것은 먹지 않는다. 똥개는 도둑이 주는
먹이라도 받아먹고 금세 꼬리를 흔든다. 우리 모두 생각해 볼
만한 말이 아닐까?

높은 사람들의 근시안

의사의 과잉 배출을 막기 위해 의과대학 정원을 줄이기로 한다고 한다. 내 생각에 이것은 참으로 잘못된 발상이다. 의사가 많이 배출되어서 일거리가 없어지면, 자연히 학생들이 의과대학을 기피하거나 부실한 의과대학이 문을 닫게 될 것이다. 국내에서 일하기가 어려우면 해외로 눈을 돌려 자생의 길을 택할 텐데 왜 통제를 해야 하는가. 대한민국 정책 입안자들의 발상이 이 모양이니 도대체 국민들은 갈피를 잡을 수가 없다.

사법고시 제도도 마찬가지다. 변호사 자격이 있으면

1,000명이든 만 명이든 숫자에 관계없이 자격증을 주는 것이 상식이다. 변호사를 대신해서 변호사의 수입을 보장해 주기 위해 있는 정부가 아닐 바에야 누구를 위한 통제인가? 수입이 적다면 변호사가 되라고 해도 되지 않을 것이 아닌가? 변호사가 많아야 싼 변호사도 있고 비싼 변호사도 있는 법이다. 그래야 보통사람도 변호사를 고용해서 법의 보호를 받을 수 있다. 서민들이 몇십만 원씩 내고 변호사를 고용할 수 있는가? 돈 있는 사람만 변호사를 고용하라는 법이 어디 있나? 돈 없는 사람은 법의 보호도 받지 말라는 이야기인가?

대한민국의 공무원은 모든 것을 마음대로 관리 · 통제할 수 있다는 발상을 버리고 모든 것을 시장에 맡겨야 한다. 자기 일은 자기가 판단하고 결정할 수 있을 정도의 국민의 의식 수준은 충분하다. 제발 좀 간섭 말고 통제하지 말았으면 하는 마음 간절하다. 누구를 위한 숫자 제한인가? 대한민국 공무원들의 머리에는 뭐가 들었는지 정말 궁금하다.

한국의 젊은 어머니들에게

힘보다는 창의력이 성공의 열쇠인 현대는 여성의 세상이다. 인내심도 관대함도 여성이 남성보다 우월하다. 창부가된 딸을, 살인자가 된 아들을 안고 울고 다시 태어나라고 격려하는 것도 어머니지 아버지는 아니다. 21세기는 여성들의 세계다.

가정주부 또한 먹고 노는 직업이 아니다. 집안의 기둥이요, 나라의 기둥이다. 어머니가 훌륭해서 훌륭한 아들 딸을 길러냈다는 이야기는 들었어도, 아버지가 훌륭해서 훌륭한 아들 딸이 나왔다는 이야기는 들어본 적이 별로 없다. 이제 가정주부들도 사회 각층에 진출해서 많은 일을 해야 한다. 정보화시대는 남성보다 여성이 더 능력을 발휘하기 좋다고 한다. 치밀한 것, 세심한 것, 빠른 판단, 평화적인 자세, 융화를 위한 부드럽고 넓은 마음씨, 이런 것들이 정보화시대에 요구되는 특성들인데 이런 특성은 여성들의 전유물이기 때문이다.

생각하는 것 이상으로 남자들은 전투적이고 편파적이며 시기와 질투가 많고 마음이 편협하다. 여성들이 기대하는 '남자니까 이해하겠지' 하는 생각은 아주 잘못된 것이다. 남자들이 얼마나 질투심이 많은지, 남자들이 얼마나 속이 좁은지 여성들은 잘 알지 못한다. 여자의 질투는 애교라도 있지 남자의 질투는 추하기만 하다. 그러므로 집에서나 사회에서나 이제 여자, 특히 주부들이 일어나야 한다는 것이 나의 지론이다.

내가 미국에 있을 때, 뉴욕 맨해튼에 있는 억만장자들이 모이는 클럽에 우연히 초청받아 식사를 함께 할 기회가 있었다. 이런저런 이야기를 하다가 그들이 철석같이 지키는 자녀교육 수칙을 듣고 깜짝 놀랐는데, 그중 지금도 내 기억에 남아 있는 그들의 자녀교육 수칙 두 가지를 소개하고자 한다.

미국 상류사회의 자녀교육법

첫째, 다섯 살만 되면 자신이 사용하는 방, 자신들이 사용하는 식기, 옷은 스스로 정리 정돈하게 한다. 특히 자기 방은 청소까지도 스스로 하게끔 훈련시킨다는 것이다. 그렇게 해서 어릴 때부터 자신의 일은 스스로 하는 독립성을 키워준다는 것이다. 무조건 닦아주고 입혀주고 먹여주는 우리와는 정반대다.

둘째, 용돈을 줄 때도 조건을 붙인다. 자기 용돈은 자기 스스로 일을 해서 충당하는 것을 원칙으로 하되, 필요하다고 인정이 되면 용돈을 주더라도 달라는 액수의 90퍼센트만 주고, 사용 후에는 꼭 어디에 사용했다는 명세서를 받는다. 또 어디에 썼는지 꼭 영수증을 붙이도록 교육시킨다. 그리고 용돈의 10퍼센트는 반드시 남을 위해 사용하라고 가르친다는 것이다. 어릴 때부터 혼자만 잘 먹고 잘 살면 되는 게 아니라는 것을 가르치기 위해서다. 물론 수칙을 따르지 않으면 다음달 용돈은 주지 않는다. 우리나라 부모들이 자식에게 용돈 주는 것과는 생각도 방식도 무척 다르다.

미국 3대 재벌의 하나인 록펠러 가를 보자. 석유사업으로 거대한 부를 쌓은 이 재벌의 시조 J.D. 록펠러는 19세기의 가장 지독한 악덕자본가라고 지탄받기도 하지만 그의 후손들은 어릴 때부터 돈에 대한 교육을 확실히 받아, 자신들이 번 돈을 사회에 환원시키는 록펠러재단의 업적으로 높이 평가받고 있다. 어릴 때부터의 경제 교육이 얼마나 큰 힘을 가지는지 우리도 생각해 볼 일이다.

록펠러 가에 태어난 자식들은 남녀 불문하고 초등학교 입학 때부터 신문 배달을 시켜 자신의 용돈을 스스로 벌게 한다. 고등학교에 입학할 나이가 되면 맥도날드 같은 곳에서 일하도록 시킨다. 그리고 부모가 몸소 자신들이 번 돈을 사회에 환원하는 모습을 보여준다. 이래서 록펠러 가의 후손들이 더 존경받고 있는 게 아닌가 한다.

슈퍼맨의 행복

영화 〈슈퍼맨〉의 주연배우 크리스토퍼 리브. 그는 말에서 떨어져 전신마비 환자가 되기 전까지는 이 세상에서 가장 행복한 사람 중 한 사람이었다. 행복한 가정, 안정된 수입, 팬들의 열렬한 인기 등 불행과는 담을 쌓은 사람처럼 보였다. 그러나 그는 자신이 행복하다는 것을 몰랐다. 낙마한 후에야 행복이 어떤 것인지를 알게 되었다.

"나의 현재 소원은 휠체어에서 벌떡 일어나는 것, 그것뿐이다"라고 그는 말했다. 슈퍼맨은 우리에게 분명한 메시지를 전해주고 있다. 인간은 자신이 행복한 줄 모르고 있기 때문에 불행한 것이라고….

아우슈비츠의 나치 수용소에서 살아남은 프랭크 박사는 "행복을 목표로 삼으면 절대 행복을 발견할 수 없으며, 고통을 통해서만 행복을 찾아낼 수 있다"고 말했다. 자신이 생각했던 불행은 불행이 아니라 사실은 행복이었다는 것을, 나치 수용소에 들어가고 나서 비로소 알게 되었다고 그는 자신의 회고록에서 밝히고 있다.

그렇다. 인간은 행복한 줄 모르고 있기 때문에 불행하다고 생각한다. 성공했다고 행복한 것도 아니고 행복하기 때문에 성공했다고도 할 수 없다. 행복의 시제는 지금 이 순간이다. "괴로웠지만, 그래도 그때 그 시절이 행복했어"라는 말을 우리는 쉽게 한다. "나는 행복했다, 나는 내일 행복할 것이다"가 아니라 "지금 나는 행복하다"가 행복의 시제다.

사물은 앞에서 볼 때와 옆에서 볼 때가 다르다. 앞에서 보면 사각형이지만 옆에서 보면 삼각형일 때도 있다. 성공과 행복은 일치하지 않는 경우가 너무나 많다. 사업에 성공하고도 가정이 불행한 사람이 있는가 하면, 부와 명예를 다 가지고 있다 싶은 사람이 세상을 비관하고 자살하는 경우도 있다. 최고급 자동차 안에서 떠나버린 사랑을 원망하며 슬피 우는 여인은 행복할까, 불행할까? 물론 생각하는 각도에 따라 다르고, 보는 각도에 따라 다를 것이다.

그렇다. 성공과 행복은 같을 수도 있고 다를 수도 있다. 성공한 사람들이 만족을 모르고 불행하다고 생각하는가 하면, 스스로 행복하다고 생각하는 사람들 중에는 상식적인 성공과는 먼 거리에 있을 때도 있기 때문이다. 그러나 분명한 것은 한 가지 목표를 설정하고 그 목표를 달성했을 때 느껴지는 만족감이 행복이라는 사실이다. 결국 성공과 행복은 동의어이기도 하고 동의어가 아니기도 한다. 결국 행복과 성공이 동의어냐 아니냐는 사람들의 생각에 달려 있다.

성공과 행복의 길은
누구에게나 **열려** 있다

대한민국에 사는 95퍼센트 이상의 사람은 행복한 사람들이다. 이 지구 위에 살고 있는 수십 억의 인구가 굶주림에 허덕이고 있는데, 배부르게 먹고 있다는 사실이 얼마나 행복한 것인지 우리는 잘 모른다. 육체가 건강하면 큰 은혜를 받은 것인데, 이를 모르고 스스로 불행하다고 생각하면서 살고 있다.

성공할 수 있는 모든 도구들을 갖고 태어났으면서도 도구를 제대로 사용하는 법을 모르는 사람들이 많은 것 같다. 듣고 말할 줄 안다면 타인에게 덕담을 주고 미소를 지어 주변 사람들에게 행복을 전해줄 수 있는데도 가진 것이 없다고만 한다.

이 얼마나 바보 같은 생각인가. 한 목사님이 쓴 책을 읽어보니 '미인대칭'이 성공의 지름길이라 한다. '미소 짓고, 인사하고, 대화하고 칭찬하면' 모든 사람들과의 유대가 강해지고 친구들이 늘어난다. 불행하다는 생각을 떨쳐버리고 '나는 행복한 사람, 행복하기 위해서 태어난 사람'이라고 스스로에게 확인시켜 주는 것이 행복으로 가는 지름길이다.

사람들은 자신의 불행을 남의 탓으로 돌리곤 하지만, 설령 남에게 사기를 당해서 망했다 해도 그것 역시 엄밀하게 따지면 자신의 판단 잘못으로 빚어진 결과다. 망했다 하더라도 또다시 일어서면 된다. 철저하게 망하고 보면 더 망할 일도 없을 것이고, 이제 일어서는 일만 남았기 때문이다. 철저하게 망했다는 것은 더 이상은 망할 수 없는 든든한 밑바닥에 닿은 것이라고 생각하면 된다.

실패는 불타버리고 성공만 남았다

수천 번 실험을 거듭하던 실험실 공장에 불이 나서 실험기구가 남김없이 타버리자, 사람들은 에디슨이 재기 불능에 처했다고 말했다고 한다. 하지만 에디슨은 "이제 실패는 불타버리고 성공만이 남았다"고 말했다 한다.

많은 사람들이 '빈익빈 부익부'라며 세상을 원망한다. 그러나 사실은 그렇지 않다. 10년 전에는 부자였던 사람이 갑자기 거지가 되고, 몇 년 전까지도 거지같이 살던 사람이 떵떵거리는 부자로 변한 경우가 어디 한둘이던가.

얼마가 있어야 사업을 할 만하다고 할 수 있을까? 내가 알기로는 수천 억 원이 있어도 모자라는 사업이 있고 단돈 몇만 원으로도 시작할 수 있는 사업이 있다. 길거리에서 뻥튀기를 파는 것도 사업이다. 반 평도 안 되는 길가에 구두 수선점을 차리고 성공한 사람도 있다. 맨몸으로 네트워크 사업에 뛰어들어 수억 원의 수입을 벌어들이는 세일즈맨도 있다.

길은 누구에게나 열려 있다. 인간 사회는 동물의 세계와는 다르다. 동물의 세계에서는 한번 호랑이로 태어나면 평생 호랑이로 살다가 죽어야 하고, 한번 쥐로 태어나면 평생 쥐로 살다가 죽어야 한다. 하지만 인간 세계에서는 호랑이로 태어났다가 쥐로 변해서 죽는 사람도 있고, 쥐로 태어났다가 사자가 되어 죽는 사람들도 얼마든지 있다. 출생을 따지지 마라. 오늘의 불행을 남의 탓으로 돌리지도 마라. 어떻게 해서 성공하느냐 하는 것은 철저하게 자기 자신에게 달려 있음을 명심해야 한다.

성공과 행복으로 가는 길은 누구에게나 평등하게 열려 있다. 누워 잘 곳이 있으면, 일단 누워 잘 곳이 없는 사람들보다는 행복하다. 집이 없어 노숙하고 있다면 팔다리가 멀쩡하므로 행복하다. 밥을 먹을 수 있다면 지구상의 수십 억 인구가 굶어 죽어가고 있는 판국에 굶지 않고 밥이라도 먹는다는 것이 얼마나 행복한지 생각해 보기 바란다. 자기 자신을 아끼고 사랑한다면 행복과 성공의 길이 당신의 것임을 명심하자.

인생은 도전하는 자의 것이다

험난한 세상이라 한다. 빼앗고 빼앗기고, 그래서 없는 자와 있는 자와의 처절한 전쟁터라고 말하는 사람들이 많다. 약육강식의 철저한 정글처럼 힘 있는 자만이 살 만한 곳이라고 비유하기도 한다. 그러나 곰곰이 살펴보면 정글이라고 해서 사자나 호랑이만 살아남는 것은 아니다. 다람쥐도 살고 있고 토끼도 살아가고 있다. 약육강식의 정글이라 해도 제각기 살아갈 방법이 있기 때문에, 약자는 약자대로 강자는 강자대로 살아가고 있는 것이다.

뿐만 아니라 정글의 동물 세계를 보면 사자건 호랑이건 다람쥐건 모두 그들 나름대로 삶을 영위하며 때로는 행복하게, 때로는 불행하게 살아가고 있는 것이다.

힘 좋고 덩치 큰 사자나 호랑이는 힘 없는 놈 잡아먹고 살고, 힘 없는 다람쥐나 토끼도 보기에는 보잘것없지만 눈치로, 아니면 빠른 속도로 달아나고 피해 다니면서 그런 대로 살아가고 있다.

우리 인간 사회도 마찬가지가 아닐까? 약한 자, 갖지 못한 자도 열심히 노력해서 강한 자로, 또 가진 자로 변신하며 살아가는 경우가 있는가 하면, 한때 세상을 호령하며 천하에 부러운 것 없어 보이던 자들도 세월의 흐름을 읽지 못하고 남의 웃음거리로 몰락하는 것을 얼마든지 볼 수 있다.

이렇게 돌고 도는 세상이라 마음만 옳게 잘 다스리면 세상은 살 만한 가치가 있다고 본다. 행복과 불행은 생각하기에 달려 있는 것이다.

가난한 자는 부만 축적되면 행복할 것이라고 생각하나, 부자가 다 행복하진 않다는 것을 얼마든지 증명할 수 있다. 가난한 자는 항상 불행할 것이라는 것도 사실과 다르다. 가난은 좀 불편할 뿐이다.

　나는 인생을 살아오면서 가난하면서도 행복하게 살아가는 많은 사람들을 보아왔고, 부와 권력을 한손에 쥐고 앉아 있으면서도 항상 불안과 초조감에 얽매여 사는 사람들도 너무 많이 보아왔다.

　정상에 올라 떨어지지 않으려고 몸부림치는 사람들과 비록 가진 것 없고 힘 없는 사람이라 할지라도, 꿈과 희망을 안고 정상을 향해 열심히 일하며 도전하는 사람들을 비교하면 후자의 경우가 훨씬 행복한 삶이라고 나는 생각한다.

　온갖 시련을 겪고 처량한 신세로 전락해 살다가 보험 세일즈맨으로, 또는 자동차 판매원으로, 또는 네트워크 사업에 눈을 돌려 몇 년 만에 억대 이상의 수입을 올리고 있는 것을 보면 이를 증명하고도 남는다.

　그렇기 때문에 세상은 불공평하다기보다는 정말 신기할 정도로 공평하다. 신은 인간을 창조할 때 한 사람에게 모든 것을 골고루 주지 않고 항상 한두 가지씩 모자라게 주었기 때문에 공평하다는 것이다. 가난한 사람들은 근면하고 성실한 자세로 있는 자의 위치를 향해 도전하자. 목표가 생기고 꿈을 갖게 되면 그날부터 생기가 돌고 삶의 참맛을 느끼게 되리라.

사랑을 잃고 허탈해서 자살을 기도하는 사람들도 있다. 그러나 그것같이 허망한 인생도 없으리라. 원래 만나면 언젠가는 반드시 헤어지게 되는 것이 자연의 이치다. 또한 헤어짐이란 새로운 만남을 약속하는 것이기도 한데 인생 자체를 포기하는 것은 어리석은 짓이다.

생각을 바꾸면 새로운 세상이 보이는데, 생각을 바꾸지 못해 불행을 스스로 자초하지는 않는지 자기 자신을 되돌아보는 지혜가 필요하다. 알고 보면 세상은 살 만한 가치가 있다. 포기하지 말자. 스스로 불행하다고 생각하지 말자. 나도 할 수 있다는 긍정적인 생각을 갖자. 인생은 도전의 연속이다.

서상록의
인생 암묵지 13

01 하루 40분은 성공을 위해 활용하라

성공하고 싶다면 자신이 하고자 하는 일에 대해 스스로에게 다짐하라. 하루는 24시간, 분으로 환산하면 1,440분이다. 1,440분 중에 40분은 자기 자신을 위해 할애하라. 일찍 일어나서 '나는 이 일을 할 수 있다'고 1분 정도 확신하고 큰소리로 자기 암시를 하라. 그렇게 한두 달만 하면 자신감과 확신을 얻게 된다.

하루가 1,440분인데 자신의 성공을 위해서 40분도 시간을 못 만들어낸다면 당신은 성공할 수 없다.

02 자본주의 시장경제체제를 이해하자

자본주의 시장경제라는 것이 무엇일까? 시장경제체제라는 것은 무언가를 팔아야 부자가 되고 성공하는 체제다. 능력을 팔든 아이디어 자체를 팔든 제품을 개발해서 팔든, 팔아야 성공하고 돈을 번다. 지식을 팔든 곰탕을 팔든 컴퓨터를 팔든, 팔 것이 없어지고 사주는 고객이 없으면 죽는다.

03 자신감을 갖자

고객을 상대로 지식, 아이디어, 제품을 팔려면 내 것이 최고라는 자신감부터 가져야 한다. 자기도 자신 없는 제품을 고객에게 추천할 수 있겠는가? 어떤 것이든 내 것이 최고라는 확신을 갖고 있을 때, 고객들도 애용하고 구입한다. 무엇이든 최고를 만들고, 자신감이 없으면 팔기 힘든 세상임을 확실하게 알고 있어야 한다.

04 경쟁을 즐기자

경쟁을 싫어하면 시장경제체제에서 존속할 수 없다. 모든 것이 경쟁이다. 치열한 경쟁이다. 한국에서의 일등이라는 것은 이제 아무 의미도, 가치도 없다. 국제무대에서 일등을 해야 하고 지구 위의 모든 동종의 것들과 경쟁을 해서 일류가 되어야 한다. 그렇다면 경쟁 자체를 즐기는 체질로 변해야 한다. 지식산업도 경쟁이요, 서비스도 경쟁이다. 어느 것 하나 경쟁이 아닌 것은 없다. 품질도 가격도, 배달도 신용도 경쟁이다. 이 모든 경쟁을 즐기면서 최고로 가는 길이 승리하는 길임을 명심해야 한다

05 한 가지 일에 미치자

경쟁에 이기려면 한 가지를 해도 최고라야 한다. 이류 자동차를 만들어 팔지 못하는 것보다는 최고의 타이어, 최고의 브레이크 시스템, 최고의 엔진을 생산해서 자동차 제조업체에 납품하는 것이 훨씬 좋은 방법이다.

이것저것 많이 아는 박학다식한 교수보다는 한 가지 영역에 미쳐 그 분야에서 세계 최고의 권위자가 되는 것이 월등하게 대우를 받는 세상이다.

06 변해야 산다

이제 암기 잘해서 시험 잘 치르고 석·박사가 되는 것이 최고의 출세 길이 아니다. 톡톡 튀는 개성으로 새로운 아이디어, 새로운 제품을 개발할 수 있는 창의적인 사고를 가진 자가 최고의 대접을 받는 세상 이다.

고루한 사고방식, 혈연, 지연, 학연, 학벌로 출세하는 세상은 이미 옛 이야기다. 능력과 결과를 중시하는 세상이 되었으니, 이제 새로운 시 류에 동승하기 위해서는 과감하게 변해야 한다.

07 용감해야 성공한다

하늘의 별을 따는 아이디어가 있다 한들 행동으로 실천하는 용기가 없으면 무슨 소용이 있겠는가. 용기를 내서 실천하지 못하면 아무 짝 에도 소용없다. 실천해서 결과를 만드는 용기가 있어야 한다. 실천하 지 않은 것들은 전부 죽어 있는 것이다.

08 당신의 얼굴을 고급 브랜드화하라

사람들은 백화점에 가서 값비싼 브랜드를 찾으면서 정작 자기 자신 이라는 브랜드를 고급화하는 일에는 무관심하다. 웃는 얼굴, 넉넉한 표정은 자기 가치를 높이는 것이고, 그것이 자신의 브랜드를 값비싸게 하는 길이다. 항상 찡그리는 얼굴을 누가 좋아하겠으며 궁색한 표정에 돈이 붙겠는가? 사람이 나이가 들면 자신의 얼굴에 책임을 질 수 있어야 한다. 성공하고 싶다면 성공한 사람들의 표정을 읽어보라. 얼마나 당당하고 자신 있어 보이는가? 얼굴 표정 하나가 성공의 훌륭한 도구임을 왜 모르는가.

09 봄은 언제나 다시 찾아온다

울고 싶을 때는 실컷 울라. 실컷 우는 것도 스트레스를 해소하는 방법이다. 울다 보면 걱정도 분노도 스트레스도 함께 사라진다. 그것이 오늘의 고달픔과 고통스러움을 이기는 방법이 될 수 있다.

그러나 결코 포기하지 마라. 포기하지 않는 한 희망은 있다. 인생도 자연과 같아서 눈보라치는 추운 겨울이 있고 따뜻한 봄이 있다. 가슴속에 삶에 대한 열정이 용암처럼 들끓고 있는 한 당신에게도 인생의 봄은 오게 되어 있다. 당신의 인생길이 가시밭처럼 험해서 발바닥이 터지고 피가 흘러내리더라도 참고 견디는 인내가 필요하다. 어차피 인생이란 실패와 성공의 연속이다.

10 전문가가 되자

어떤 사람이든, 언제 어디서 무엇을 하든 간에 이제 자기가 하는 영역에서는 최고가 되어야 하고 프로가 되어야 생존할 수 있다.

그렇다. 이 세상 모든 고객들은 최고의 프로에게 완벽한 서비스를 받기 원한다.

11   투철한 직업의식을 갖자

투철한 직업의식이 없다면 그 일을 하지 않는 것이 낫다. 투철한 직업의식이 없다거나 자신이 하는 일을 부끄럽게 생각한다면 성공하지 못할 뿐만 아니라 다른 조직원들까지도 생기를 잃어버리고 모두 다 망하게 된다. 모든 조직원들이 투철한 직업의식을 갖고 각자 맡은 바 소임을 다할 때, 개인이나 조직이 경쟁에서 이기고 발전할 수 있다.

12   주인의식을 갖자

'내 일이다, 내 것이다, 내 회사다'라고 생각하는 사람과 '이건 내 일이 아니다, 너의 것이다, 남의 회사다'라고 생각하는 사람은 일의 능률이나 생산 효율성, 보는 눈, 생각하는 각도도 다르게 되어 있다. 주인의식을 갖자는 말은 국가나 그 조직이나 단체를 위해서만 하는 말이 아니라 바로 개개인의 행복과 건강과 발전을 위해서다.

자기가 하는 일에 재미가 없으면 얼마나 지루하고 스트레스 받겠는가. 남의 일이라고 생각하면 생산성을 높이기 위해 열심히 연구하는 자세가 되겠는가. 주인의식을 갖고 일하라. 그것이 당신도 살고 조직도 사는 길이다.

13 창의적인 사고를 갖자

정보화시대는 새로운 생각, 새로운 행동으로 새로운 것을 만들어내는 사람을 필요로 하는 사회다. 암기는 컴퓨터로 하는 것이 더 쉽고, 컴퓨터가 기억할 수 있는 용량은 사람의 기억능력의 수천만 배가 넘는다. 이 새로운 시대에는 창의적인 사고를 갖지 않고서는 경쟁력을 잃고 생존의 길마저 잃게 될지도 모른다. 물건 하나를 보더라도 있는 그대로 보고 말 것이 아니라 저걸 어떻게 달리 만들어볼까 생각하고 실험해 보아야 한다. 보이는 대로만 보지 말고 다른 각도에서 생각해 보고 상상력을 키워야 한다. 이것이 새로운 정보화시대에 생존할 수 있는 방법이다.

내 인생에 은퇴란 없다

지은이 | 서상록
펴낸이 | 김경태
펴낸곳 | 한국경제신문 한경BP

제1판 1쇄 발행 | 2006년 4월 30일
제1판 2쇄 발행 | 2006년 5월 20일

주소 | 서울특별시 중구 중림동 441
기획출판팀 | 3604-553~6
영업마케팅팀 | 3604-561~2, 595 FAX | 3604-599
홈페이지 | http://bp.hankyung.com
전자우편 | bp@hankyung.com
등록 | 제 2-315(1967. 5. 15)

ISBN 89-475-2568-5
값 10,000원